Einfach besser GOLF spielen

ROGER HYDER

Einfach besser GOLF spielen

Im Gedenken an Payne Stewart,
den perfekten Gentleman

COPRESS
SPORT

Quintet Publishing Limited
6 Blundell Street
London N7 9BH

Titel der Originalausgabe:
Golf Skills

Bibliografische Information Der Deutschen Bibliothek
Die Deutsche Bibliothek verzeichnet diese Publikation in der Deutschen Nationalbibliografie; detaillierte bibliografische Daten sind im Internet über <http://dnb.ddb.de> abrufbar.

Copress Verlag in der Stiebner Verlag GmbH
Nymphenburger Straße 86
D–80636 München

www.copress.de

Übersetzung aus dem Englischen:
Michael Göpfert
Satz und Redaktion der deutschen Ausgabe:
bookwise gmbh, München

ISBN 3-7679-0870-0

Printed in China

EINFÜHRUNG

Immer wieder höre ich von meinen Schülern, dass es bei Golflehrbüchern zwei Extreme gibt: Entweder richten sie sich an den totalen Anfänger, der noch nie einen Schläger in die Hand genommen hat, oder an den Turnierprofi mit dem nahezu perfekten Schwung, der eine komplizierte Abfolge von Übungen benötigt. Ich gehe davon aus, dass Sie bereits mit dem Golfspielen begonnen haben, dass Sie ein Problem bei Ihrem Spiel entdeckt haben und dass Sie Rat suchen, um damit fertig zu werden.

Im ersten Teil von *Einfach besser Golf spielen* werden schwache Schläge und ihre häufigsten Ursachen analysiert. Für jeden fehlerhaften Schlag finden Sie einen detaillierten Korrekturvorschlag und in vielen Fällen einen hilfreichen Tipp.

Im zweiten Teil geht es hinaus auf den Golfplatz. Sie finden Tipps und Übungen von angesehenen Profis zur Verbesserung Ihres Spiels. Hier geht es um das lange Spiel, das kurze Spiel und das Putten, um nur einige Beispiele zu nennen.

Golf kann ein schwieriges und bisweilen frustrierendes Spiel sein. Deshalb hoffe ich, dass *Einfach besser Golf spielen* Ihnen bei Ihrem Lieblingssport zur Seite stehen wird. Wenn Sie hart an Ihrem Schwung arbeiten, indem Sie die Übungen in diesem Buch ausführen, wird sich Ihr Spiel garantiert verbessern.

Golf ist ein wunderbarer Sport und für mich und viele Kollegen eine wunderbare Berufung. Doch denken Sie daran, Golf ist nur ein Spiel. Der große Walter Hagen sagte einmal: „Vergessen Sie nicht, den Duft der Rosen am Wegrand zu genießen." Ich hoffe, Sie haben beim Lesen des Buches ebenso viel Spaß, wie ich beim Schreiben hatte.

Roger Hyder

Danny French, links, ist Head Pro und Chef-Trainer des Chart Hills Golf Club. Der außerordentlich erfahrene Spieler gehört zu den angesehensten Profis in England.

Roger Hyder, Mitte, ist seit fast 20 Jahren Profi. Der PGA Professional ist außerdem sportlicher Leiter und General Manager des Chart Hills Golf Club in Kent.

Deni Brooker, rechts, vertritt den von Nick Faldo entworfenen Chart Hills Golf Club auf der Ladies European Tour. Seit sie sich 1995 für die European Tour qualifizierte, kann sie auf eine Reihe von Erfolgen sowohl in Europa als auch im heimischen Australien zurückblicken. Zu ihren größten Erfolgen zählt der Sieg bei der Italian Open.

GOLFBEGRIFFE

ANSPRECHEN Das Positionieren von Schläger und Körper vor dem Schlag.

ANNÄHERUNGSSCHLAG Aus geringer Entfernung auf das Grün ausgeführter Schlag.

BREAK Unebenheit, die beim Putten kompensiert werden muss.

CARRY Distanz, die der Ball in der Luft zurücklegt.

CASTING THE CLUB oder **AUSWERFEN DES SCHLÄGERS** Vorzeitiges Strecken der Handgelenke beim Abschwung.

CHIP Kurzer flacher Schlag, normalerweise zum Grün, bei dem der Ball mehr rollt als fliegt.

CUT Der Ball wird mit Drall im Uhrzeigersinn versehen, was zu einer Flugbahn von links nach rechts führt.

DRAW Bei Rechtshändern vollführt dieser Ballflug eine leichte Kurve von rechts nach links.

EXPLOSIONSSCHLAG Schlag aus dem Bunker, bei dem sehr viel Sand herausgeschlagen wird.

FADE Bei Rechtshändern vollführt dieser Ballflug eine leichte Kurve von links nach rechts.

FETTER SCHLAG Ein „fett" getroffener Ball hat zu viel Boden mitgenommen und hinterlässt ein tiefes Divot.

FLACHER SCHWUNG Der Schläger wird mehr um den Körper herum als aufrecht geführt.

FLUFF Ein Fehlschlag aufgrund eines zu schwachen Griffs.

HOODED CLUBFACE („GETARNTES SCHLÄGERBLATT") Kippen (Reduzieren von Loft) und leichtes Schließen des Schlägerblatts, entweder beim Ansprechen oder während des Schlags.

HOOK Ein übertriebener Draw, wobei der Ballflug deutlich von rechts nach links verläuft.

HOSEL Der Teil des Schlägers, der den Schlägerkopf und den Schaft verbindet.

LAID OFF Position des Schlägers bei zu flachem Rückschwung. Am äußersten Punkt des Rückschwungs ist der Schläger nach links vom Ziel ausgerichtet.

LIE oder **LAGE** Position des Balls, nachdem er zur Ruhe gekommen ist.

LOB Kurzer hoher Ball, der weich landet und wenig rollt.

LOFT Der Winkel des Schlägerblatts im Verhältnis zur Senkrechten. Je horizontaler das Blatt, umso größer der Loft.

PLUGGED BALL Ein Ball, der in der eigenen Pitchmarke liegt.

PULL HOOK Bei Rechtshändern beginnt der Ballflug links vom Ziel und beschreibt während des Flugs eine Kurve noch weiter nach links.

PULL Bei Rechtshändern fliegt dieser Ball geradlinig nach links vom Ziel.

RELEASE Bewegung von Körper und Schläger, mit der das Schlägerblatt wieder square gestellt wird. Gleichzeitig wird hiermit die durch den Rückschwung akkumulierte Kraft freigesetzt.

REVERSE PIVOT Falsche Bewegung des Oberkörpers in Richtung Ziel beim Rückschwung.

SHANK Den Ball mit Hacke oder Hosel des Schlägers treffen, so dass er hoch, aber nicht sehr weit fliegt.

SHAPING THE BALL („den Ball gestalten") Den Ballflug so beeinflussen, dass er von links nach rechts (Fade) oder von rechts nach links (Draw) verläuft.

SKYING Den Ball mit der oberen Hälfte des Blatts treffen, so dass er sehr hoch und nicht sehr weit fliegt.

SLICE Bei Rechtshändern fliegt dieser Ball übertrieben von links nach rechts.

SMOTHERED SHOT („erstickter Schlag") Mit übertrieben geschlossenem Schlägerblatt ausgeführter Schlag, der verhindert, dass der Ball abhebt.

SQUARE-STELLUNG DER SCHLAGFLÄCHE Mit einer Körperbewegung wird die Schlagfläche beim Abschwung so zurückgeführt, dass sie sich beim Auftreffen im rechten Winkel zur Ziellinie befindet.

STAND Die Position der Füße beim Ansprechen des Balls.

SCHWUNGBAHN Die Richtung, in die der Schläger im Verhältnis zur Ziellinie geschwungen wird. Eine Schwungbahn von innen nach außen liegt vor, wenn sich der Schlägerkopf von innerhalb der Ziellinie (näher am Körper) nach außerhalb dieser Linie (vom Körper entfernt) bewegt.

TAKEAWAY Beginn des Rückschwungs.

THIN SHOT oder **DÜNNER SCHLAG** Ein flacher Fehlschlag, bei dem der Schläger den Ball auf der oberen Mitte trifft.

TOPPED SHOT oder **GETOPPTER BALL** Bei diesem Schlag hebt der Ball nicht vom Boden ab, denn er wurde auf der oberen Hälfte getroffen.

YIPS Ein unfreiwilliger Kontrollverlust über Hände und Arme beim Putten.

TEIL EINS

Fehler, Analysen, Korrekturen

- Pulls und Slices
- Pushes und Hooks
- Fehlschläge
- Das kurze Spiel und Probleme beim Putten

KAPITEL EINS

Pulls und Slices

Der Pull ist ein Schlag, bei dem der Ball in gerader Linie zu einem Punkt links vom Ziel fliegt. Er ist eng mit dem Slice verwandt. Der Slice beginnt normalerweise ein wenig links vom Ziel und schwenkt dann nach rechts. Der Hauptunterschied zwischen beiden Schlägen besteht darin, dass der Pull bei kurzen Eisen häufiger auftritt, während der Slice für lange Eisen und Hölzer typisch ist (lange Schläger haben weniger Loft).

In beiden Fällen nähert sich der Schläger dem Ball auf einer Schwungbahn von außen nach innen, aber mit Ausrichtung des Schlägerblatts nach links vom Ziel beim Pull und nach rechts vom Ziel beim Slice.

Ich werde die Fehler in diesem Kapitel in der Reihenfolge angehen, wie sie bei der Vorbereitung auf den Schlag auftreten. Von der Ausrichtung geht es zum Abschwung und zum Schluss zu den weniger häufigen Fehlern, die für Ihre Pulls und Slices verantwortlich sind.

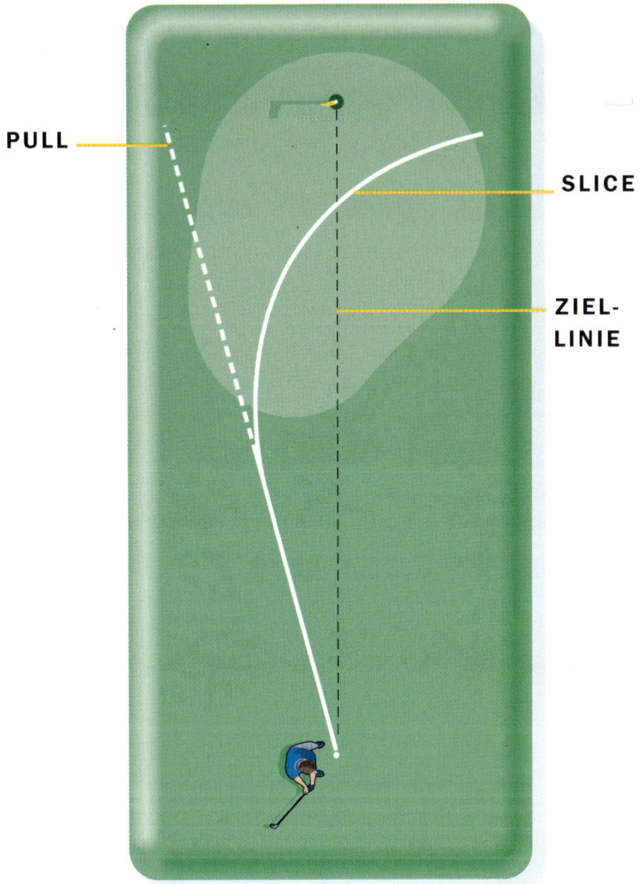

ZIELEN

Einfach ausgedrückt ist die Zielausrichtung die Richtung, in die der Schlägerkopf beim Ansprechen zeigt, und es ist (eine konsistente Schwungbahn vorausgesetzt) auch unweigerlich die Richtung, in die der Ball fliegt. Kurz vor dem Auftreffen zeigt das Schlägerblatt jedoch beim Pull nach links vom Ziel, beim Slice nach rechts vom Ziel.

KORREKTUR

Erfahrene Amateure und Profis betonen die Bedeutung der „Ziellinie", jener imaginären Linie, die vom Ball zum Ziel führt. Bei korrekter Ausrichtung sollte sich die Führungskante des Schlägerblatts grundsätzlich im rechten Winkel zur Ziellinie befinden.

DEN PROFIS ABGESCHAUT

Golfgrößen wie Jack Nicklaus und Greg Norman schwören darauf, sich vor jedem Schlag – wie beim Putten – ein paar Meter hinter den Ball zu stellen und ein Divot oder eine ähnliche Markierung am Boden einen guten Meter vor dem Ball auf der Ziellinie ausfindig zu machen. Beim Ansprechen visiert man nun diese Markierung an, anstatt zu versuchen, auf die Linie zum weit entfernten Ziel zu achten. Das Anvisieren einer Markierung unmittelbar vor dem Ball macht deshalb Sinn, weil sich Ball und Markierung gleichzeitig im Blickfeld befinden.

GRIFF

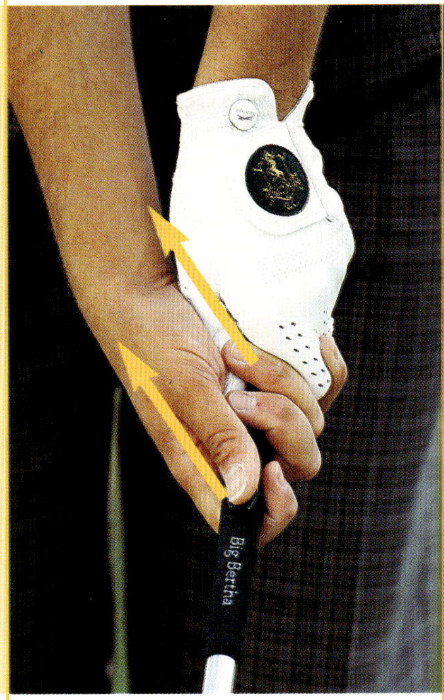

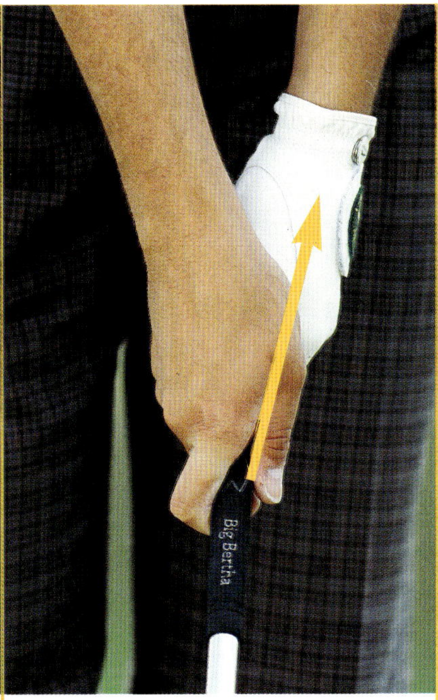

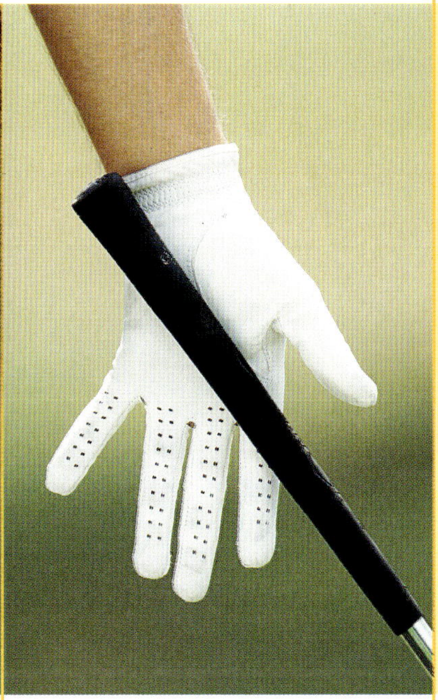

Pullgriff

Bei einem Pull ist der Krafteinsatz der Hände zu stark, d.h. der Griff befindet sich aus der Ansprechperspektive gesehen zu weit unterhalb des Schlägergriffs.

Slicegriff

Der Griff bei einem Golfer, der zum Slice neigt, ist unweigerlich zu schwach oder zu weit oben am Schlägergriff, wobei die Linie zwischen Daumen und Zeigefinger nach links vom Kinn zeigt.

Handflächengriff

Die meisten Slicer halten außerdem den Schlägergriff zu sehr in der Handfläche der linken Hand. Dies verhindert, dass die Handgelenke während des Schwungs korrekt an- und abgewinkelt werden, und es wird schwierig, die Schlagfläche beim Auftreffen square zu stellen. Den Beweis für den Handflächengriff finden Sie auf Ihrem Golfhandschuh. Scheuert sich häufig in der Nähe des Handgelenks ein Loch in den Handschuh, verwenden Sie den Handflächengriff.

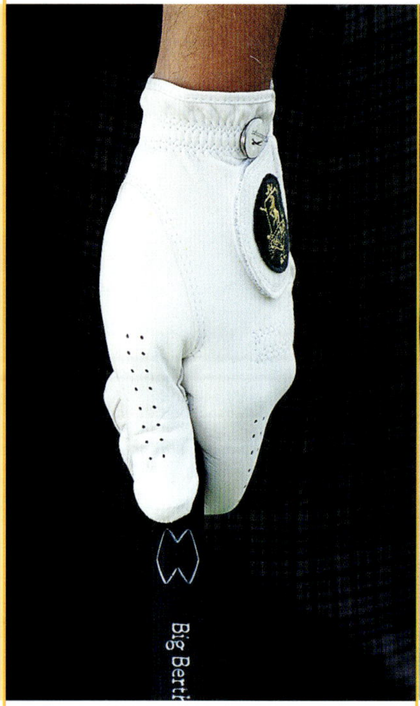

Versuchen Sie, den Schläger neutraler zu halten. Wenn Sie beim Ansprechen auf Ihren Griff schauen, sollten Sie zwei oder drei Fingerknöchel der linken Hand sehen – nicht mehr und nicht weniger.

Wenn Sie auf die linke Hand schauen, sollte die Linie zwischen Daumen und Zeigefinger auf einen Punkt zwischen der rechten Schulter und dem Kinn zeigen.

In der linken Hand sollte der Schlägergriff vom Ansatz des kleinen Fingers quer über die Finger zum mittleren Glied des Zeigefingers verlaufen.

TIPP

Lassen Sie sich von dem Ausdruck „Griff“ nicht dazu verleiten, den Schlägerschaft so zu halten, als wollten Sie ihn erwürgen. Ihr Griff sollte fest und sicher sein, nicht verkrampft.

Platzieren Sie die rechte Hand so auf dem Schlägergriff, dass die zwischen Daumen und Zeigefinger gebildete Linie ebenfalls auf einen Punkt zwischen dem Kinn und der rechten Schulter zeigt.

GRIFFVARIANTEN

Vardon
Abhängig von der Größe Ihrer Hände und Ihrer Kraft kann der kleine Finger der rechten Hand zwischen den Zeigefinger und den Mittelfinger der linken Hand geschoben werden (der Vardon-Griff).

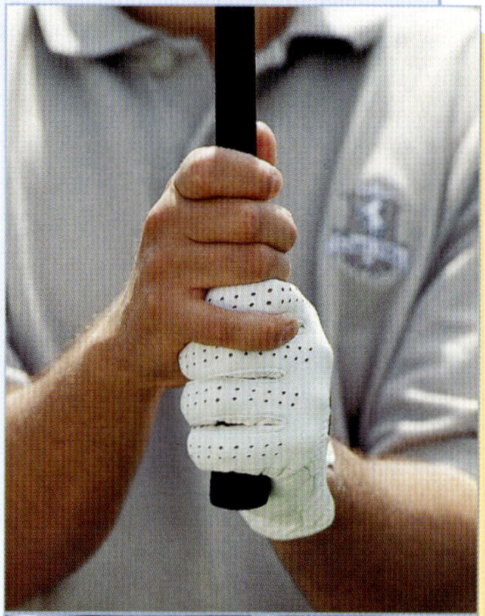

Interlocking
Alternativ kann er auch mit dem Zeigefinger der linken Hand verschränkt werden (ratsam bei Leuten mit kleinen Händen oder mit dicken kurzen Fingern).

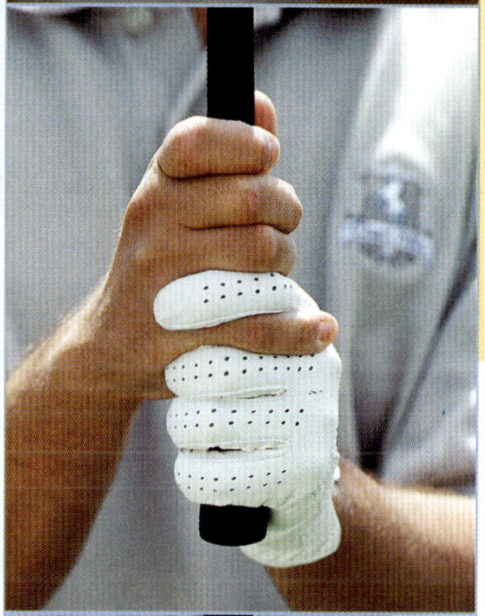

Baseball
Spieler mit schwächeren Händen und Senioren können auch diesen zweihändigen Baseball-Griff ausprobieren.

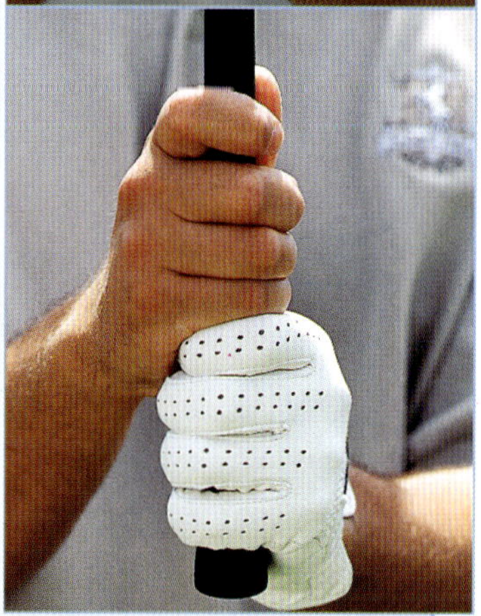

BALLPOSITION

Im Stand Ball vorn
Eine weitere Gemeinsamkeit von zu Pull und Slice neigenden Golfern ist die Ballposition. Beim Ansprechen wird der Ball zu weit vorn platziert.

Offene Schulter
Bei dieser Ballposition zeigt die imaginäre Linie zwischen Ihren Schultern beim Ansprechen nach links vom Ziel. Dadurch werden Sie zu einer Schwungbahn von außen nach innen verleitet.

Korrekt
Wenn Sie den Ball ein klein wenig zurückschieben, kommen Sie in eine wesentlich angenehmere Ansprechposition.

KORREKTUR

Spieler mit niedrigem Handicap
Erfahrene Spieler platzieren den Ball bei Schlägen mit einem Holz gegenüber der linken Ferse. Bei Schlägen mit einem kurzen Eisen bewegen sie ihn allmählich zurück bis knapp vor die Standmitte.

Spieler mit hohem Handicap
Weniger erfahrene Spieler sollten den Ball bei einem Holz 2–3 cm innerhalb der linken Ferse platzieren, bei kurzen Eisen jedoch genau in die Standmitte.

STAND

Die meisten Slicer tendieren dazu, einen zu breitbeinigen Stand einzunehmen. Dies behindert die natürliche Körperbewegung beim Schwung und führt zum so genannten Reverse Pivot.

Der Reverse Pivot erfolgt, wenn man es unterlässt, das Gewicht beim Rückschwung auf das rechte Bein und beim Durchschwung auf das linke Bein zu verlagern.

Verbleibt beim Rückschwung das Körpergewicht auf dem linken Bein, wird die Hüfte nach rechts gedreht.

Beim Durchschwung wird die rechte Hüfte durch das Körpergewicht auf dem rechten Bein nach vorn gedreht.

TIPP

Nach Korrektur der Standbreite kommt es vor, dass das linke Knie nach vorn Richtung Ball schießt, was zum Reverse Pivot führen kann. Sollten Sie davon betroffen sein, konzentrieren Sie sich darauf, das linke Knie beim Rückschwung ruhig zu halten. Anfänglich mag dies etwas schwierig sein, denn Rücken und Rumpf werden sich jetzt richtig strecken. Doch gerade dieses Strecken baut Power für Ihren Schlag auf und sorgt für lange Bälle.

KORREKTUR

Die Standbreite variiert je nach Größe und Körperbau des Spielers. Für alle Spieler gilt: je kürzer der Schläger, desto enger der Stand.

Groß & athletisch

Bei einem großen Spieler mit athletischem Schwung sollten sich bei mittleren und langen Schlägen die Innenseiten der Fersen in Schulterbreite voneinander befinden.

Klein & unbeweglich

Beim kleineren oder weniger beweglichen Golfer sollten sich bei mittleren bis längeren Schlägen die Außenseiten der Fersen in Schulterbreite voneinander befinden.

AUSRICHTUNG DES KÖRPERS

✗ Bei jedem Slicer und bei den meisten Golfern, die den Ball nach links ziehen, zeigt die Schulterachse oder die Hüftachse oder die Linie durch die Füße nach links vom Ziel. Alle oder jede einzelne dieser falschen Ausrichtungen können bewirken, dass Sie den Schwung quer über die Linie ausführen und so das Ziel verfehlen.

✓ **KORREKTUR**

Die imaginäre Linie durch Füße, Hüften und Schultern sollte parallel zur Ziellinie verlaufen. Sie können das leicht überprüfen, wenn Sie einen Schläger parallel zum Boden auf Hüfthöhe quer zum Körper halten. Dann sehen Sie sofort, wohin Füße und Hüften zeigen.

TIPP

Legen Sie auf dem Übungsplatz einen Schläger in die Nähe des Balls und parallel zur Ziellinie. Dann legen Sie einen anderen Schläger direkt vor Ihre Fußspitzen auf den Boden. Dieser Schläger sollte ebenfalls parallel zur Ziellinie liegen, aber *nicht* direkt auf das Ziel zeigen. Nun machen Sie einige Schläge und achten darauf, dass Hüften und Schultern zu den Füßen parallel sind.

HALTUNG

Ohne die richtige Ansprechhaltung ist es unmöglich, den Schläger auf einer konstanten Ebene zu schwingen. Nur wenige Amateure haben eine gute Haltung. Auf jedem x-beliebigen Platz der Welt können Sie sich am ersten Tee davon überzeugen, wie sich die Spieler beim Ansprechen bücken, strecken und verbiegen.

KORREKTUR

1 Stehen Sie gerade, mit locker hängenden Armen.

2 Schauen Sie auf Ihre Schnürsenkel. Beugen Sie die Knie, bis Sie sie nicht mehr sehen können.

3 Drücken Sie bei geradem Rücken Ihr Gesäß nach hinten durch und bewegen Sie den Kopf in Richtung Ball, ohne das Kinn auf die Brust zu legen.

4 und 5 Lassen Sie die Arme nach unten hängen und greifen Sie den Schläger. Heben Sie die linke Schulter ein wenig an und achten Sie darauf, dass sich das Körpergewicht auf den Fußballen befindet.

RÜCKSCHWUNG

Bei Pulls und Slices nähert sich der Schlägerkopf dem Ball auf einer Bahn von außen nach innen, wobei die Schlagfläche beim Pull nach links vom Ziel und beim Slice nach rechts vom Ziel ausgerichtet ist.

Ein häufiger Grund für diese Schwungbahn ist die Neigung, am Anfang des Rückschwungs den Schläger „aufzunehmen“. Mit anderen Worten: Der Rückschwung wird bei minimaler Bewegung des Körpers von Schlägerkopf und Händen falsch begonnen. Deshalb landet der Schlägerkopf außerhalb der Ziellinie. Je nach Öffnung des Schlägerblatts kommt dabei ein Pull oder ein Slice heraus.

KORREKTUR

Zu Beginn des Rückschwungs (oder des Ausholens) sollten sich Schlägerkopf, Hände, Schultern und Bauchnabel gleichzeitig vom Ball wegbewegen. So sorgen Sie dafür, dass Sie den Schläger auf einer Ebene zurückschwingen.

ÜBUNG

Diese Übung kann überall trainiert werden, auf dem Platz, auf der Driving Range – sogar zu Hause vor dem Fernseher.

1 Legen Sie einen Schläger so hin, dass er von hinter der linken Ferse zur rechten Zehe verläuft. Sprechen Sie einen imaginären Ball mit einem anderen Schläger an. Dann lassen Sie den Schläger nach oben rutschen, bis der Griff gegen Ihren Bauchnabel drückt.

2 Jetzt drehen Sie alle Elemente (Schläger, Hände, Schultern und Bauchnabel) gleichzeitig zur Seite.

3 Wenn sich am äußersten Punkt dieses integrierten Rückschwungs der Schläger in Ihren Händen parallel zu dem Schläger zwischen Ihren Füßen befindet, ist Ihnen der Bewegungsablauf gelungen.

ABSCHWUNG

Sie haben sicher schon den Ausdruck „von der Spitze schlagen" gehört. Diese Situation ergibt sich häufig, wenn Spieler mit mittlerem und hohem Handicap versuchen, hart zu schlagen. Statt eines von der umgekehrten Drehbewegung der Hüfte und Beine angeführten Übergangs vom Rück- zum Abschwung erfolgt ein Anheben des Oberkörpers, wodurch die rechte Schulter und natürlich der Schlägerkopf aus der Schwungebene gebracht werden.

KORREKTUR

Der korrekte Abschwung fängt mit den Beinen und Hüften an. Genauer gesagt, mit dem linken Knie. Wenn der Unterkörper den Abschwung beginnt, geschehen zwei Dinge:

- Die Schwungbahn wird flacher und der Schlägerkopf attackiert den Ball von innen nach außen.
- Durch die fließende, geschmeidige Bewegung wird jene natürliche Power freigesetzt, wie man sie von den Top-Spielern kennt.

ÜBUNG

Stellen Sie sich in der Ansprechposition so auf, dass die Füße nur einige Zentimeter voneinander entfernt sind. Entspannen Sie die Unterarme. Machen Sie mit einem 6er-Eisen einen kompletten Schwung und versuchen Sie, den Ball so kurz wie möglich zu schlagen, jedoch in der Luft. Achten Sie darauf, wie der Unterkörper den Abschwung beginnt und wie sich die Hände im Treffmoment entspannen. Sobald Sie den Bogen heraus haben, erhöhen Sie das Tempo und schlagen den Ball weiter. Achten Sie jedoch immer darauf, dass die Unterarme beim Ansprechen locker bleiben.

ANDERE URSACHEN
FÜR PULLS UND SLICES

GRIFF

Slicer greifen den Schläger oft zu fest und verhindern so die Entspannung beim Auftreffen. Beim Halten des Schlägers sollten Sie nur in den letzten drei Fingern der linken und in den beiden mittleren Fingern der rechten Hand leichten Druck spüren.

DEN PROFIS ABGESCHAUT

Beim Griff nimmt Severiano Ballesteros ein wunderbares Bild zur Hilfe. Er stellt sich vor, dass er ein Vögelchen in Händen hält. Ein zu fester Griff würde den Vogel erdrücken, ein zu lockerer Griff ließe ihn entwischen.

ABSCHWUNG

Wie oft haben Sie das schon gehört: „Halten Sie den Kopf ruhig!" oder „Halten Sie den Kopf unten!" Lassen Sie mich ein für alle Mal klar stellen: Der einzige Ort, wo Sie den Kopf unten oder ruhig halten sollten, ist auf dem Putting Green.

✗ Wenn Sie den Kopf still halten, kippen Sie die Schultern, anstatt sie zu drehen. Dies und das ebenfalls durch einen starren Kopf verursachte Fehlen der Gewichtsverlagerung sind Ursachen des Reverse Pivot. Um den Ball zu treffen, halten Sie das Gewicht beim Abschwung auf der rechten Seite, was zwangsläufig zum Pull oder Slice führt.

✓ **KORREKTUR**

Drehen Sie beim Ansprechen leicht den Kopf, so dass Sie mit dem linken Auge die Rückseite des Balls sehen können. Erlauben Sie Ihrem Kopf außerdem eine leichte Drehung, wenn Sie beim Rückschwung den Körper vom Ziel abwenden.

HALTEN SIE DEN KOPF UNTEN

Nun zu dem beliebten „Kopf unten halten". Wer sich an diesen gut gemeinten Rat hält, stellt vermutlich fest, dass er den Ball vorübergehend nicht mehr toppt; da dies jedoch nicht der Grund für das Toppen ist, taucht das Problem bald wieder auf, nur mit einer Ergänzung – einem Slice.

Die Ursache liegt darin, dass der Spieler das Kinn fest auf die Brust drückt. Dies verhindert die volle Drehung der Schultern beim Rückschwung. Folglich kann er den Schläger nur noch zur Schwungspitze befördern, wenn sich die Arme von der Drehung des Oberkörpers „trennen" und sich den Brustkorb hinaufschieben. Jetzt befindet sich der Schläger auf einer viel zu aufrechten Ebene.

Der Abschwung beginnt nun von außerhalb der geplanten Schwungbahn. Da sich der Kopf immer noch auf der Brust befindet, kann die rechte Schulter nicht frei schwingen und Arme und Schläger beenden den Schlag mit einem kurzen Durchschwung außerhalb der idealen Bahn. Ihnen ist ein wunderschöner Schwung von außen nach innen gelungen – das perfekte Rezept für einen Slice!

KORREKTUR

Vermeiden Sie, beim Ansprechen das Kinn auf die Brust zu legen. Versuchen Sie, an der Nase entlang auf den Ball zu schauen. Dann behalten Sie beim Rückschwung und beim Durchschwung ganz einfach den Ball im Auge. Dazu gehört auch, seinen Flug zu verfolgen. Auf diese Weise ermöglichen Sie, dass das Kinn beim Durchschwung von der rechten Schulter „weggedrängt" wird. Es gelingt Ihnen ein hoher und fließender Abschluss des Bewegungsablaufs. Außerdem behalten Sie während des gesamten Schlages den Ball im Auge.

STAND

1

2

Viele Slice-Spieler stehen beim Ansprechen zu nah am Ball, was dazu verleitet, zu steil auszuholen. Sie verkrampfen am äußersten Punkt des Rückschwungs. Folglich besteht die einzige Möglichkeit zum Schlag darin, den Schläger von oben nach außen zu befördern und ihn auf einer Bahn von außen nach innen nach unten zu bringen.

KORREKTUR

Achten Sie beim Einnehmen der normalen Ansprechhaltung auf die folgenden Punkte:

1 Beugen Sie sich oberhalb der Hüfte leicht nach vorn und drücken Sie dabei das Gesäß nach hinten durch.

2 Die Knie sind leicht angewinkelt und die Arme hängen entspannt nach unten. Beim Ansprechen des Balls sollte sich jetzt das Griffende etwa 10–12 cm vor der Innenseite des linken Oberschenkels befinden.

RÜCKSCHWUNG

Versucht ein Spieler bewusst, einen Schwung von außen nach innen (und damit einen Slice) zu vermeiden, dreht er im Abschwung häufig das Schlägerblatt nach innerhalb der Ziellinie, so dass sich der Schlägerkopf auf der Ziellinie „auf der Innenseite" der Hände befindet. Die Schlagfläche soll zwar innerhalb der Ziellinie zurückgeführt werden; übertreibt man diese Bewegung jedoch, verkrampft man sich auf halber Strecke des Rückschwungs. Dann kann der Rückschwung nur noch zu Ende geführt werden, wenn Sie den Schläger steil anheben. Damit verlässt Ihr Schwung die richtige Ebene und verleitet Sie dazu, beim Abschwung von außen nach innen zu schlagen.

KORREKTUR

Stellen Sie sich vor, dass das Griffende des Schlägers den Rückschwung beginnt. Bilden Sie sich außerdem ein, dass Sie mit dem Griffende den rechten Oberschenkel streifen. Beide Gedanken werden Sie ermutigen, den Schläger innerhalb der Ziellinie zu führen, während Sie den Schlägerkopf „auf der Außenseite" der Hände halten.

KAPITEL ZWEI

Pushes und Hooks

Ebenso wie Pull und Slice sind auch Push und Hook miteinander verwandt. Gewöhnlich handelt es sich bei beiden Schlägen um Probleme von Spielern mit niedrigem Handicap. Der Push fliegt beim Rechtshänder in gerader Linie nach rechts vom Ziel. Beim Hook beginnt der Ballflug leicht rechts vom Ziel, beschreibt dann eine Kurve und beendet die Flugbahn links vom Ziel. Der Hook tritt häufiger bei Hölzern und langen Eisen auf, der Push eher bei kurzen Eisen. In beiden Fällen wird der Schläger auf einer Bahn von innen nach außen geschwungen (siehe Seite 43).

Der Unterschied zwischen beiden Schlägen besteht darin, dass beim Push die Schlagfläche square zur Schwungbahn steht, während das Schlägerblatt beim Hook im Verhältnis zur Schwungbahn geschlossen wird.

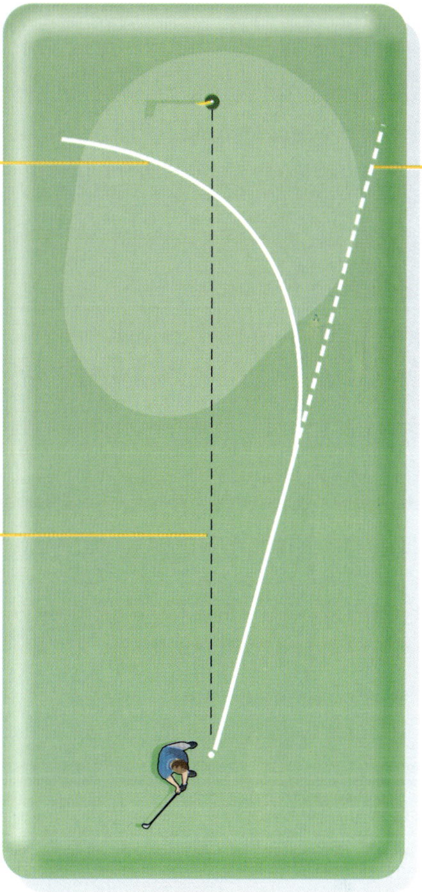

ZIELEN

Wenn Sie zu Hook oder Push neigen, sollten Sie zunächst auf die Ausrichtung des Schlägerblatts achten. Normalerweise spielt das Schlägerblatt beim Push keine Rolle, doch wenn ein Rechtshänder einen Hook schlägt, hat das Blatt beim Auftreffen nach links vom Ziel gezeigt.

TIPP

Legen Sie auf dem Übungsplatz einen Schläger auf den Boden, so dass der Schaft vom Ball Richtung Ziel verläuft. Jetzt wird es Ihnen leichter fallen, das Schlägerblatt square zu stellen.

KORREKTUR

Nehmen Sie den normalen Stand ein, überprüfen Sie Ihre Haltung und platzieren Sie den Schlägerkopf direkt hinter den Ball. Achten Sie darauf, dass sich die Führungskante des Schlägerkopfes im rechten Winkel zur Ziellinie befindet.

Überzeugen Sie sich von der richtigen Zielausrichtung: Greifen Sie den Schläger. Halten Sie ihn auf Höhe der Taille vor sich, parallel zum Boden. Wenn sich das Schlägerblatt square zum Ziel befindet, zeigt die Führungskante des Schlägerkopfes direkt in den Himmel.

GRIFF

Der Griff verursacht selten einen Push, aber er ist der wohl häufigste Sündenbock beim Hook. Eine Hand oder auch beide Hände befinden sich in einer zu „starken“ Position – d.h. zu weit unterhalb des Schlägergriffs, wenn Sie beim Ansprechen nach unten schauen. Dadurch wird das Schlägerblatt beim Auftreffen geschlossen und der Ball mit dem typischen Hook-Drall versehen. Wenn Sie auf Ihren Griff hinuntersehen, werden Sie bemerken, dass die Linie zwischen Daumen und Zeigefinger bei einer Hand oder bei beiden Händen direkt auf Ihre rechte Schulter oder sogar noch weiter nach rechts zeigt!

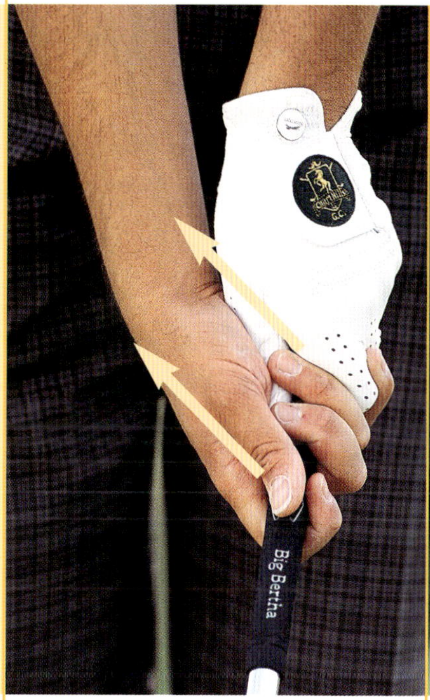

Hookgriff
Die Linien zwischen Daumen und Zeigefinger stehen in einem stumpfen Winkel zum Schlägergriff.

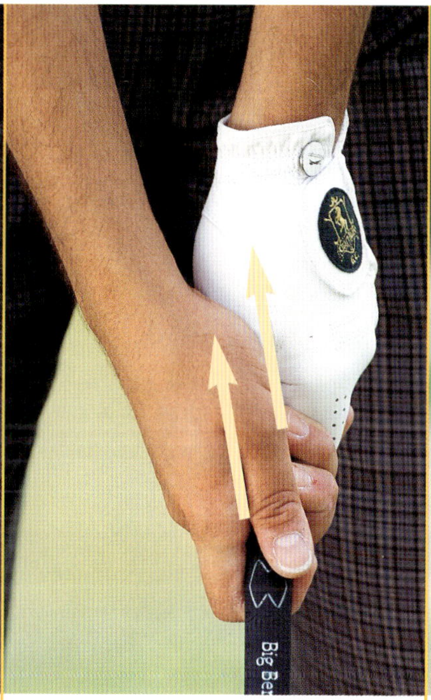

Neutraler Griff
Die Linien zwischen Daumen und Zeigefinger sind fast senkrecht.

KORREKTUR
Wie bei der Korrektur des Slicegriffs (siehe Seite 13) sollten Sie auch hier versuchen, beide Hände weiter oben zu platzieren, so dass die Linie zwischen Daumen und Zeigefinger beider Hände auf einen Punkt zwischen Kinn und rechter Schulter zeigt.

BALLPOSITION

1

2

Die falsche Position des Balls im Stand ist bei den meisten Spielern der Hauptgrund für einen Push und trägt häufig dazu bei, dass ein Hook geschlagen wird. Obwohl dieses Problem oft bei besseren Spielern auftritt, kann es auch High-Handicapper betreffen.

1 Ist der Ball im Stand zu weit hinten (zu nah am hinteren Fuß) platziert, wird die linke Schulter nach vorn gezogen und die Schultern „schließen sich", d.h. sie zeigen nach rechts von der Ziellinie.

2 Geschlossene Schultern erzeugen eine Schwungbewegung, die zu sehr von innen nach außen verläuft. Dadurch wird entweder ein Push oder ein Hook verursacht, je nach Ausrichtung des Schlägerblatts beim Auftreffen.

KORREKTUR

Oft werde ich gefragt, wo man als durchschnittlicher Spieler den Ball platzieren sollte. Die Antwort lautet: *knapp* vor dem tiefsten Punkt des Schwungs bei Eisen und *genau* am tiefsten Punkt bei Hölzern (oder sogar ein wenig davor bei Tee-Schlägen). Dafür gibt zwei Gründe: Der längere Schaft der Hölzer erfordert von Natur aus mehr Abstand vom Ball – und bei Schlägen mit Hölzern ist eine fegende Bewegung erwünscht, während bei den Eisen der Schlag von oben erfolgt und der Ball deshalb näher liegen sollte. Gute Spieler platzieren bei Hölzern die Rückseite des Balls gegenüber der linken Ferse und bewegen sich bei kurzen Eisen allmählich zurück bis knapp vor die Standmitte. Der Hobbygolfer sollte den Ball etwa 2 cm innerhalb der linken Ferse platzieren und sich bei kurzen Eisen allmählich bis zur Standmitte bewegen.

STAND

Bei falschem Stand wird selten ein Hook, bisweilen jedoch ein Push erzeugt. Dieser Fehler tritt meist bei besseren Spielern auf und wird ebenso wie ein Slice durch einen zu breiten Stand verursacht.

Der Unterschied zwischen beiden Fehlern (Slice und Push) besteht darin, dass der Slicer sein Gewicht beim Rückschwung nicht auf die rechte Seite zurückverlagert und dadurch einen Reverse Pivot (siehe Seite 18) hervorruft. Der zum Push neigende Spieler unterlässt es, sein Gewicht beim Abschwung auf die linke Seite zu verlagern, so dass plötzlich die Hände gefordert sind. Dabei befindet sich der Ball beim Ansprechen typischerweise zu weit hinten im Stand. Wie bei der Henne und dem Ei kann ein schlechter Stand eine schlechte Ballposition verursachen und eine schlechte Ballposition für einen schlechten Stand verantwortlich sein.

KORREKTUR

Ähnliche Standfehler erfordern ähnliche Korrekturen. Bei einem Holz sollten die Fersen nicht weiter als schulterbreit auseinander stehen. Bei kürzeren Schlägern sollte der Stand enger werden, weil Beine und Hüften weniger Zeit zur Verfügung haben. Bei engerem Stand können die Beine außerdem schneller bewegt werden.

AUSRICHTUNG DES KÖRPERS

Die Frage der Ausrichtung des Körpers beweist, dass sich beim Golf zwei Fehler niemals ausgleichen. Die meisten besseren Spieler schlagen den Ball mit Draw Spin, so dass er im Flug eine Kurve von rechts nach links beschreibt. Ein solches „shaping" des Balls ist durchaus sinnvoll, kann aber unter Stress zu einem gewaltigen Hook führen. Lee Trevino pflegte zu sagen:

„Mit einem Fade kann man reden, aber ein Hook hört überhaupt nicht zu!"

Wenn die Bälle regelmäßig nach links abdriften, gehen sogar gute Spieler dazu über, den Körper nach rechts auszurichten. Unter Stress wird damit der Fehler nur verstärkt und aus dem Draw oder Push wird regelmäßig ein Hook.

KORREKTUR

Ihr Körper sollte sich immer square zum Ziel befinden. Imaginäre Linien durch Füße, Hüften und Schultern sollten parallel zur Ziellinie verlaufen. Auf diese Weise müssen Sie keinen falsch ausgerichteten Schlag mit einem brutalen Hook ausgleichen.

HALTUNG

PROBLEME MIT DER HALTUNG

Die beiden wichtigsten Haltungsfehler beim Ansprechen liegen in der Verteilung des Körpergewichts auf die Füße und der relative Höhe der Schultern.

Wenn das Gewicht zu sehr auf den Fersen lastet, werden Sie zwei Dinge bemerken:

- Ihre Hooks sind in Wirklichkeit Pull Hooks. Sie beginnen links vom Ziel und beschreiben dann einen noch größeren Haken nach links.
- Am Ende der Schwungbewegung haben sich die Füße von der ursprünglichen Körperlinie entfernt. Unweigerlich haben Sie den Schläger beim Rückschwung zu weit nach innerhalb dieser Linie gebracht, oder Sie haben beim Auftreffen den Körper vom Ball „weggezogen".

Wenn sich die rechte Schulter beim Ansprechen zu weit unten befindet, ist der Kopf zu weit hinten positioniert. Das verursacht zudem ein Schließen der Schultern im Verhältnis zur Ziellinie. Dadurch wird es sehr schwierig, den Rückschwung auf der Ziellinie auszuführen.

KORREKTUR

Verteilen Sie beim Ansprechen Ihr Körpergewicht gleichmäßig auf die Fußballen. Wenn jedoch klar ist, dass Ihr Problem nichts mit der Gewichtsverteilung zu tun hat, haben Sie die rechte Schulter zu tief sinken lassen. Versuchen Sie, beim Ansprechen die rechte Schulter und den rechten Ellbogen anzuheben, so dass sie sich *knapp unterhalb* ihrer Gegenüber auf der linken Seite des Körpers befinden. Ein Spiegel in Körperhöhe hilft Ihnen bei den nötigen Angleichungen.

Achten Sie darauf, Schultern und Ellbogen parallel zu halten.

HALTUNGSÜBUNG

1 Halten Sie den Schläger nur mit der rechten Hand, stellen Sie den Schlägerkopf hinter den Ball und platzieren Sie gleichzeitig den rechten Fuß genau gegenüber der Rückseite des Balls.

2 Legen Sie dann die linke Hand auf den Schläger und gehen gleichzeitig mit dem linken Fuß in Position.

3 Überprüfen Sie jetzt die Standbreite und Ballposition. Zunächst werden Sie das Gefühl haben, dass der Körper nach links vom Ziel ausgerichtet ist und dass sich die rechte Schulter über der linken befindet. Halten Sie durch, dann werden sich bald positive Resultate einstellen.

DEN PROFIS ABGESCHAUT

Eine falsche rechte Schulter wird von einer schlechten Ansprechhaltung ausgelöst. Mir gefallen die Routinen von Greg Norman und Seve Ballesteros. Die Ansprechposition von Ballesteros beweist, dass echte Profis nie die Grundlagen des Ansprechens vergessen und dass erprobte Routinen tatsächlich funktionieren.

RÜCKSCHWUNG

Häufig neigen Spieler mit athletischen Schwüngen dazu, das Schlägerblatt innerhalb der Ziellinie zu Anfang des Rückschwungs übertrieben zu drehen. So entsteht eine sehr flache Drehung und am äußersten Punkt des Rückschwungs zeigt der Schaft nach rechts vom Ziel. Dadurch wird beim Abschwung eine übertrieben von innen nach außen verlaufende Schwungbahn erzeugt, die mit einem Push oder Hook endet.

KORREKTUR

Da dieser Fehler entsteht, weil Hände und Arme unabhängig vom Körper agieren, müssen Sie sich den richtigen Takeaway aneignen, bei dem sich Schläger, Hände, Arme und Oberkörper als Einheit bewegen.

Versuchen Sie folgende Übung: Legen Sie einen zweiten Ball etwa 45 cm hinter den Ball, den Sie eigentlich schlagen wollen, und etwa 3 cm innerhalb der Ziellinie. Beim Rückschwung fegen Sie jetzt zuerst den zweiten Ball weg, bevor Sie den eigentlichen Ball schlagen.

Diese Übung trainiert nicht nur den korrekten Takeaway, sondern verbessert auch Ihr Tempo.

ABSCHWUNG

1

2

Oft verkrampft sich ein Spieler, wenn er die Schlagfläche zum Ball zurückführt, so dass er entweder den Schlag nach rechts blockiert oder im letzten Augenblick aus Panik mit den Händen übermäßig kompensiert und damit einen Hook erzeugt. Dies tritt in erster Linie bei erfahrenen Spielern auf und wird normalerweise von zwei typischen Überlegungen verursacht.

1 Der erste Fehler entsteht durch übertriebenes Herunterziehen des Schlägers mit der linken Hand beim Abschwung und das verzweifelte Bemühen um einen Schlag von innen nach außen.

2 Beim zweiten Fehler wird der Tipp des legendären Ben Hogan übertrieben, den Abschwung mit einer betonten Hüftdrehung zu beginnen.

Bei beiden Fehlern ist der rechte Ellbogen im Treffmoment zu sehr gebeugt und der Winkel des Schafts ist viel zu steil.

Am äußersten Punkt des Rückschwungs sollte sich der ganze Körper wie eine aufgezogene Spirale anfühlen, mit 90° Schulter- und 40° Hüftdrehung. Der Beginn des Abschwungs (auch Übergang genannt) besteht im Drehen der linken Schulter und der linken Hüfte zurück zur Ansprechposition. Verlagern Sie nun das Körpergewicht von der rechten zur linken Seite. Wenn sich ein Spieler nur auf die Drehung der Hüfte zurück zum Ball konzentriert, wird die rechte Schulter wahrscheinlich nach unten sinken und der Schläger verfängt sich hinter der rechten Hüfte.

KORREKTUR

Wenn Sie meinen, dass Ihr Problem vom ersten dieser Schwungfehler herrührt, dann üben Sie Schläge vom Tee, wobei Sie nur den rechten Arm einsetzen. Das bringt Sie dazu, den rechten Arm während des Abschwungs früher zu strecken. Allerdings müssen Sie den Winkel zwischen Handgelenk und Unterarm beibehalten, sonst fliegen Ihre Bälle kraftlos nach oben und nach links – ein sicheres Zeichen von übermäßiger Korrektur und für das „Auswerfen" (Casting, wie die Wurfbewegung beim Angeln) des Schlägerkopfes.

Ist Ihr Problem eine Folge des zweiten Fehlers, müssen Sie eine völlig andere Korrektur vornehmen:

Wenn Sie den Abschwung zu früh mit den Hüften beginnen, wird der Schlag inkohärent und der Angriffswinkel viel zu steil. Zur Korrektur sprechen Sie den Ball wie üblich an, ziehen dann jedoch den rechten Fuß etwa 10 cm zurück. Achten Sie aber darauf, dass Hüften und Schultern square zur Ziellinie verbleiben. Dieser neue Stand bewirkt einen wesentlich flacheren Angriffswinkel zum Ball und Ihre Schwungbahn verläuft weit weniger extrem von innen nach außen.

TIPP

Wenn sich Ihre Hüften beim Abschwung zu schnell bewegen, probieren Sie es einmal damit: Der erste Tipp kommt von Nick Faldo und besagt lediglich, dass Sie die Zehen beim Ansprechen krümmen sollten, kurz bevor Sie mit dem Rückschwung beginnen. Der zweite Tipp ist ein alter Trick der Pros. Trainieren Sie ganz einfach mit einem Golfball unter der linken Ferse. Dadurch wird die Hüftrotation beim Abschwung verlangsamt, so dass der Oberkörper mithalten kann. Folge ist eine flachere Schwungbahn.

ANDERE URSACHEN
FÜR PUSHES UND HOOKS

STAND

Einige Golfer mit Neigung zu Hooks und Pushes haben die Angewohnheit, beim Ansprechen zu weit weg vom Ball Aufstellung zu nehmen. Dadurch wird ein zu flacher Rückschwung hervorgerufen, fast „laid off“ an der Spitze des Schwungs (siehe rechts), d.h. der Schaft zeigt nach links vom Ziel.

Vermeiden Sie das Gefühl, dass Sie sich nach dem Ball strecken. Beim Ansprechen sollten die Arme locker und bequem nach unten hängen und das Griffende sollte sich 10 oder 12 cm vor der Innenseite des linken Oberschenkels befinden.

„Laid Off“

RÜCKSCHWUNG

Eine andere Ursache für den Hook besteht darin, dass Sie die Schlagfläche beim Rückschwung schließen. Dadurch wird ein Abwinkeln des linken Handgelenks an der Spitze des Schwungs ermöglicht und beim Abschwung wird die Schlagfläche in geschlossener Position arretiert.

Beginnen Sie Ihren Rückschwung langsam, um diesen Fehler auszumerzen. Nach ungefähr 1 m unterbrechen Sie den Schwung. Wenn sich die linke Hand weit unterhalb des Schlägers befindet und die Schlagfläche immer noch auf den Ball zeigt, ist die Schlagfläche geschlossen. Ein Hook wird die Folge sein. Lassen Sie beim Rückschwung den linken Unterarm und die Schlagfläche ein wenig im Uhrzeigersinn rotieren, so dass der Schaft waagerecht ist und die Spitze des Schlägers gerade nach oben zeigt, wenn sich die Hände auf halbem Weg zwischen Knien und Hüften befinden. Wenn Sie am linken Handgelenk eine Uhr tragen, sollte das Zifferblatt an diesem Punkt parallel zur Schlagfläche sein.

Gegenüber: *José Maria Olazabal verfolgt den Ballflug.*

KAPITEL DREI

Fehlschläge

Dieses Kapitel ist den falschen Schwüngen und Fehlschlägen gewidmet. Es kommen all jene peinlichen Schläge zur Sprache, die von Golfern besonders gehasst werden.

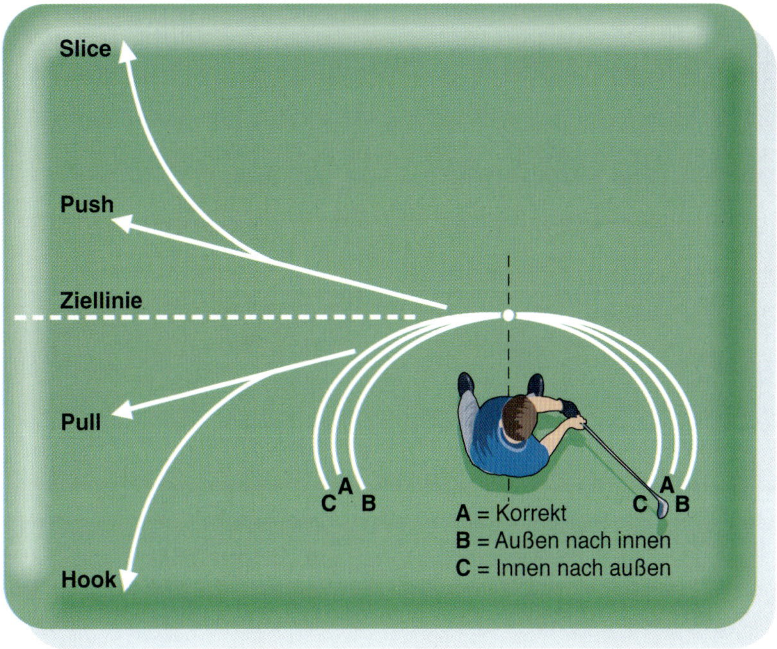

Hier finden Sie die Gründe – und die Korrekturen – für die schlimmsten Vergehen: Toppen – wenn der Ball gar nicht erst vom Boden abhebt; Fluff – Sie wissen schon, wenn das Divot weiter zu fliegen scheint als der Ball; Shank – dieser aus dem Nichts auftauchende Schreckensschlag; und Schlag in den Himmel – wenn der Ball weiter nach oben als nach vorn fliegt.

Es amüsiert mich immer wieder, dass Anfänger denken, nur ihnen würden Fehlschläge unterlaufen. Glauben Sie mir, wenn man beim Schwung nicht permanent auf die Grundregeln achtet, können die folgenden Fehler jedem passieren, ganz egal ob es sich um Anfänger oder Turnierprofis handelt.

TOPPEN

Bei getoppten Bällen denkt man normalerweise an High-Handicapper, doch wenn ein Golfprofi behauptet, er hätte noch nie einen Ball getoppt, lügt er garantiert! Den Ball zu toppen – ihn über seiner Gürtellinie zu treffen – ist der Ausbund an Peinlichkeit. Es gibt nichts Schlimmeres als den Anblick eines Balls, der trotz intensiver Schwungvorbereitung gerade mal 50 m über den Boden holpert. Hier sind ein paar wertvolle Korrekturvorschläge für Ihr Training.

GRIFF

Möglicherweise ist Ihr Griff beim Ansprechen viel zu fest und er hindert Sie daran, die Handgelenke beim Rückschwung korrekt anzuwinkeln und den Schlägerkopf beim Auftreffen freizugeben.

KORREKTUR

Ihr Zugriff sollte leicht und gleichzeitig fest sein. Sie sollten den Druck nur in den letzten drei Fingern der linken Hand und den beiden mittleren Fingern der rechten Hand spüren.

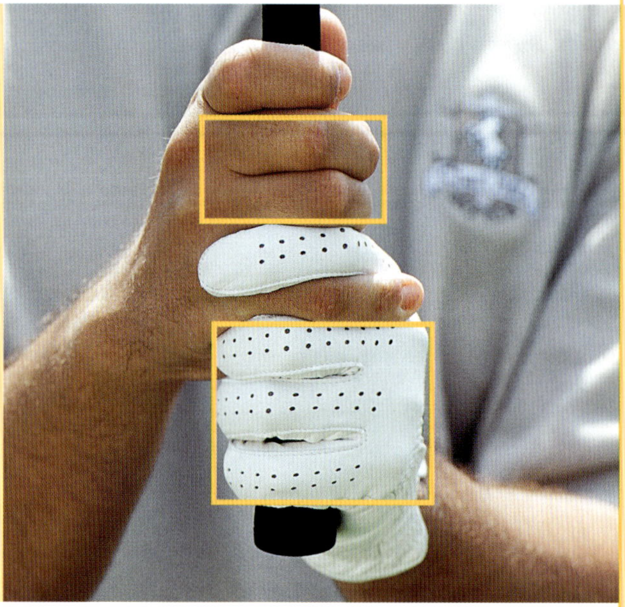

BALLPOSITION

Der Ball liegt im Stand zu weit vorn oder Sie haben sich beim Ansprechen zu weit vom Ball entfernt.

KORREKTUR

Der Ball sollte sich immer am tiefsten Punkt des Schwungbogens befinden. Bei den kürzesten Eisen (Pitching- und Sand-Wedge) liegt der Ball beim Durchschnittsspieler fast genau gegenüber der Standmitte. Je länger der Schläger, desto weiter wird der Ball im Stand nach vorn platziert, d.h. in Richtung auf das Ziel, bis er sich beim Driver gegenüber der Innenseite der linken Ferse befindet. Sportliche Spieler legen den Ball im Stand bei allen Schlägern ein wenig weiter nach vorn.

Die Distanz zum Ball hängt von Größe und Körperbau des Golfers ab. Ein großer, sportlicher Spieler beugt sich mehr nach vorn und steht deshalb näher am Ball. Ein kleinerer Spieler lehnt sich nicht so weit vor, steht weiter vom Ball weg und führt eine flachere Schlagbewegung aus. Das Griffende des Schlägers sollte sich etwa 10–12 cm vor der Innenseite des linken Oberschenkels befinden.

STAND

Es kann zu Problemen führen, wenn man beim Ansprechen das Körpergewicht zu sehr auf die Fersen verlagert. Dies verleitet dazu, sich beim Auftreffen nach hinten (vom Ball weg) zu bewegen und dabei den Schlägerkopf nach oben zu ziehen.

KORREKTUR

Versuchen Sie, in der Ansprechposition Ihr Gewicht auf die Fußballen zu verteilen. Vermeiden Sie es, sich während des Schwungs nach hinten zu lehnen.

HALTUNG

Bleiben die Knie beim Ansprechen nicht in einer leichten Beuge, neigt sich der Oberkörper beim Rückschwung nach vorn. Der Schlägerkopf gelangt jetzt nur dann exakt zum Ball, wenn Sie beim Abschwung die Gegenbewegung ausführen, d.h. den Körper nach oben und vom Ball weg strecken. Überprüfen Sie Ihre Haltung mit Hilfe eines Spiegels oder einer Glastür.

ABHILFE

Stellen Sie sich eine senkrechte Linie von der Mitte Ihrer Schultern nach unten durch die Kniescheiben bis zu den Fußballen vor.

Einzige Ausnahme wären sehr große Spieler. Deren Schultern sollten über den Zehen stehen.

RÜCKSCHWUNG

Rückschwung
Die meisten Topper haben ein Problem gemeinsam: falsche Gewichtsverlagerung beim Schwung. Beim Rückschwung lassen sie die Hüften nach rechts rutschen, anstatt sie auf dem rechten Bein zu drehen. Folglich kippen dann die Schultern, statt sich zu drehen.

Finish
Als Folge davon befindet sich der Schwerpunkt des Körpers an der Spitze des Schwungs zu weit links. Die einzige Möglichkeit, die Schlagfläche in Ballnähe zu bekommen, ist eine Umkehrung dieses Vorgangs. Dabei rutschen die Hüften nach vorn und der Schwerpunkt im Treffmoment verlagert sich zu weit nach rechts.

KORREKTUR

Entwickeln Sie ein Gefühl dafür, dass sich beim Rückschwung die linke Hüfte zur Ziellinie hin dreht, während die rechte sich von ihr wegbewegt. Am äußersten Punkt des Rückschwungs haben die Hüften eine Drehung von 40° vollzogen, wobei der größte Teil Ihres Gewichts auf der rechten Seite ruht und der Oberkörper sich solide ausbalanciert über dem rechten Oberschenkel befindet.

So haben Sie ausreichend Zeit und Freiraum, um beim Abschwung Ihr Gewicht korrekt auf die linke Seite zu verlagern und den Bewegungsablauf mit dem größten Teil des Gewichts auf dem linken Bein abzuschließen.

ABSCHWUNG

Erfahrenen Spielern kann es passieren, dass sich die linke Hüfte zu Beginn des Abschwungs zu schnell von der Ziellinie entfernt. Die linke Seite nimmt in der Folge zu früh die Abschlussposition ein – der Körper wird angehoben und entfernt sich vom Ball.

KORREKTUR

Achten Sie zu Anfang des Abschwungs darauf, dass sich die linke Schulter und die linke Hüfte synchron bewegen. Konzentrieren Sie sich auf ein gutes Tempo und „springen" Sie nicht auf den Ball zu.

FLUFF

Dieser Schlag ist eine ähnlich peinliche Geschichte wie das Toppen. Sie stellen sich vor dem Ball auf und bereiten sich darauf vor, ihn mindestens 150 m weit Richtung Ziel zu feuern. Sie nehmen sich Zeit, führen einen Ihrer Meinung nach starken, kraftvollen Schwung aus und der Ball trudelt gerade mal 30 m durch die Luft! Kommt Ihnen das bekannt vor? Dann probieren Sie folgende Korrekturen.

GRIFF

Hauptgrund für den Fluff ist meist ein zu schwacher Griff während des gesamten Schwungablaufs – in einer oder in beiden Händen.

Zwar sollten Sie beim Zugreifen keine „weißen Knöchel" bekommen, doch wenn der Griff zu locker ist, kann die Kraft im Körper und in den Armen nicht auf den Schläger bzw. den Ball übertragen werden.

Am höchsten Punkt des Rückschwungs löst sich die rechte Handfläche vom Griff.

Noch häufiger geschieht es, dass sich die letzten drei Finger der linken Hand öffnen.

Beide Fehler führen dazu, dass der Rückschwung übermäßig ausgedehnt wird. Der Schaft ist nicht mehr auf einen Punkt parallel zur Ziellinie ausgerichtet. Stattdessen zeigt der Schläger nach unten auf den Boden.

KORREKTUR

Ich möchte wirklich niemandem raten, den Schläger zu erwürgen. Aber es ist wichtig, den Griff sicher in der Hand zu haben. Mit sicher meine ich nicht nur die Position der Finger auf dem Schlägergriff, sondern auch ihre Druckintensität.

TIPP

Wenn Sie den Griff zu fest umklammern, verhindern Sie das natürliche Anwinkeln der Handgelenke beim Rückschwung. Außerdem kann sich dadurch Spannung in Armen und Schultern aufbauen, die einen fließenden Bewegungsablauf unmöglich macht.

Wenn Sie bemerken, dass sich am äußersten Punkt des Rückschwungs die rechte Handfläche vom Schaft löst, liegt das in erster Linie an der schlechten Platzierung des rechten Daumens auf dem Griff. Der rechte Daumen sollte den Ansatz des Zeigefingers berühren (im Idealfall berührt das mittlere Daumenglied den Knöchel des Zeigefingers). Der Daumen sollte leicht an der linken Seite des Schlägergriffs anliegen (aus der Perspektive der Ansprechposition).

Andererseits kann der Zugriff zu locker sein. Versuchen Sie, mit den letzten drei Fingern der linken Hand und den beiden mittleren Fingern der rechten Hand ein wenig mehr Druck auszuüben.

BALLPOSITION

Schlechtes Platzieren des Balls im Stand ist ein Fehler, der im Laufe der Karriere eines Golfers immer wieder auftritt, unabhängig von seinem Niveau. Dieser Fehler verursacht viele Schwungfehler oder verstärkt ihre Auswirkungen.

KORREKTUR

Bei Schlägen mit Eisen sollte sich der Ball im Stand ein wenig weiter hinten befinden, damit Sie ihn knapp vor dem tiefsten Punkt des Schwungs treffen. Auf diese Weise schlagen Sie zuerst den Ball, erst dann kommt das Divot. Beim Schlag mit Hölzern legen Sie den Ball im Stand etwas nach vorn, so dass Sie ihn genau am tiefsten Punkt des Schwungbogens oder sogar ein wenig davor treffen.

Wenn der Ball zu weit vorn liegt, insbesondere bei Schlägen mit den Eisen, treffen Sie wahrscheinlich zuerst den Boden und dann den Ball, was zu einem Fluff oder einem erstickten Schlag führt. Bei einem guten Schlag mit dem Eisen erscheint das Divot 2 oder 3 cm *näher* am Ziel als die ursprüngliche Ballposition.

STAND

Manchmal stellen Sie vielleicht fest, dass sich Ihre Hände beim Ansprechen zu weit hinter dem Ball befinden. Dieser Fehler wird am häufigsten bei Schlägen mit Hölzern beobachtet und betrifft normalerweise den erfahrenen Spieler.

Wenn sich die Hände beim Ansprechen zu weit hinter dem Ball befinden, gerät der gesamte Rückschwung aus dem Rhythmus. Außerdem wird so den Händen zu viel Aktivität während des Schwungs erlaubt, und es verleitet zum vorzeitigen Release des Schlägerkopfes beim Abschwung, womit ein „early hit“ erzeugt wird.

Hinzu kommt, dass der Spieler oft viel zu nah am Ball steht und sich dadurch beim Ansprechen verkrampft. Der Körper steht den Händen und Armen beim Abschwung im Weg, und unweigerlich trifft der Schläger wiederum zuerst den Boden und dann den Ball. Das Resultat ist der Fluff, ein schwerer oder „fetter“ Schlag.

TIPP

Man kann die Bedeutung der Ballposition nicht oft genug betonen. Einige Golfer glauben, sie könnten den Fluff eliminieren, wenn sie den Ball im Stand ein wenig nach hinten legen. Meiner Meinung nach sollten sich jene Spieler, die ihre Hände schlecht platzieren, auf die Beseitigung dieses Fehlers konzentrieren, anstatt eine bereits perfekte Ballposition zu verändern.

KORREKTUR

Unabhängig vom Schläger sollten sich beim Ansprechen die Hände auf einer Linie mit dem linken Ohr und vor der Innenseite des linken Oberschenkels befinden.

ÜBUNG

Damit Sie beim Ansprechen nicht zu nah am Ball stehen, sollten Sie darauf achten, dass Sie die ausgestreckte Hand durch den Zwischenraum zwischen dem Griffende und dem linken Oberschenkel führen können. Sollte Ihnen das nicht gelingen, treten Sie ein wenig zurück.

HALTUNG

Zu aufrecht

Haben Sie schon einmal bei einem Profispieler bemerkt, wie regelmäßig sein Schwung ist, unabhängig davon, wie weit er den Ball schlagen will und welchen Schläger er einsetzt? Der Kopf ist relativ ruhig (doch nicht völlig) und Schultern, Arme, Hände und Schlägerkopf bewegen sich auf einer konsistenten, immer gleichen Schwungbahn vor und zurück. All diese Faktoren tragen zur gleich bleibenden Qualität seiner Schläge bei.

Einer der Gründe für die konstante Qualität der Schläge bei Profis (und guten Amateuren) besteht im korrekten Zusammenspiel der Körperwinkel beim Ansprechen.

Zu geduckt

Mit anderen Worten: Sie halten den Rücken relativ gerade, strecken das Gesäß heraus und beugen die Knie im richtigen Winkel.

Ein zum Fluff neigender Spieler hat meistens eine schlechte Haltung. Entweder krümmt er das Rückgrat nach hinten oder er beugt sich nach vorn über den Ball. Dadurch bewegt sich der Oberkörper beim Rückschwung entweder nach oben oder nach unten. Um den Schläger zum Ball zu führen, muss beim Abschwung eine Ausgleichsbewegung stattfinden. Falsches Timing des Ausgleichs führt zum Fluff oder sogar zum Toppen des Balls.

KORREKTUR

Im Kapitel über Pulls und Slices habe ich bereits über die Haltung gesprochen, aber ich möchte einige Punkte noch einmal aus einer etwas anderen Perspektive vortragen.

Stellen Sie sich aufrecht hin, etwa 60 cm vom Ball entfernt, die Fersen schulterbreit auseinander. Schauen Sie auf Ihre Schnürsenkel und beugen Sie die Knie, bis Sie die Schnürsenkel nicht mehr sehen können.

Greifen Sie den Schläger mit beiden Händen und halten Sie ihn auf Schulterhöhe vor sich. Senken Sie jetzt den Schläger, bis das Griffende auf Ihre Taille zeigt, der Schaft sich jedoch immer noch waagerecht zum Boden befindet.

Beugen Sie sich jetzt von der Hüfte nach vorn, strecken Sie das Gesäß heraus und halten Sie das Kreuz gerade. Der Schlägerkopf sollte jetzt den Boden berühren und Ihr Körpergewicht sollte sich auf den Fußballen befinden.

Halten Sie zum Abschluss das Kinn von der Brust fern und lassen Sie die Arme locker (weder völlig schlapp noch angestrengt ausgestreckt). Der rechte Ellbogen und die rechte Schulter sollten sich knapp unterhalb ihrer Gegenüber auf der linken Seite des Körpers befinden.

TIPP

Ein hilfreicher Tipp zur Überprüfung Ihrer Haltung ist der Blick auf das Spiegelbild Ihrer rechten Körperseite. Bei korrekter Haltung sollten Sie in der Lage sein, eine senkrechte Linie durch Fußballen, Kniescheiben und Schultern verfolgen zu können. Bei groß gewachsenen Spielern lagert das Gewicht ebenfalls auf den Fußballen, doch die Schultern befinden sich vor den Zehen.

RÜCKSCHWUNG

Der Reverse Pivot ist der wohl häufigste Schwungfehler – die ungenügende Gewichtsverlagerung beim Rückschwung und die deshalb nötige Ausgleichsbewegung beim Abschwung.

1 Beim Rückschwung bleibt das Körpergewicht auf der linken Seite.

2 Beim Abschwung wird das Körpergewicht auf die rechte Seite verlagert. Korrekt ist jedoch die Verlagerung des Gewichts von rechts beim Rückschwung nach links beim Abschwung. So befindet sich die Kraft Ihres Schwungs auf der falschen Seite des Körpers.

Diese umgekehrte Bewegung veranlasst den Golfer zum „Auswerfen“ (zum vorzeitigen Release) des Schlägerkopfes und vergrößert so das Risiko zum Fluff.

KORREKTUR

Ich habe die Erfahrung gemacht, dass ein Reverse Pivot recht einfach zu korrigieren ist. Wenn sich die Schultern beim Rückschwung drehen, bewegen Sie auch den Brustkorb, so dass er sich am höchsten Punkt des Schwungs über dem rechten Oberschenkel befindet. Wenn Sie diese Bewegung korrekt durchgeführt haben, spüren Sie den Druck im rechten Oberschenkel, da sich der größte Teil des Körpergewichts jetzt auf der rechten Seite befindet. In der Folge sollte sich das Körpergewicht bei Abschwung und Durchschwung nach links verlagern. Stellen Sie sich vor, dass Ihr Körpergewicht das Schlägerblatt beim Schwung hinter sich her zieht.

ABSCHWUNG

Vorzeitiger Release

Der vorzeitige Release, auch als Auswerfen des Schlägerkopfes bekannt, ist ein typischer Fehler bei Golfern, die meinen, den Ball zum Flug ermutigen zu müssen, wie auch bei Spielern, die „von der Spitze schlagen". Ein vorzeitiger Release erfolgt, wenn die Hände den Schläger zu Anfang des Abschwungs vom Körper wegschleudern. Der rechte Handrücken und sein Winkel zum Schaft werden zu früh gestreckt und heraus kommt eine fast löffelnde Bewegung, bei der das linke Handgelenk beim Auftreffen gewölbt ist. Ein mögliches kleines Divot befindet sich bis zu 15 cm hinter dem Ball.

Vielleicht haben Sie auch festgestellt, dass es Ihnen bei Schlägen mit Hölzern besser gelingt, vom Tee zu schlagen als vom Fairway.

Late Hit

Sicher haben Sie schon Zeitlupenaufnahmen oder Bildsequenzen von Schlägen der Spitzenleute gesehen. Dabei fällt auf, dass diese Spieler bis mindestens zur Hälfte des Abschwungs den gleichen Winkel zwischen dem rechten Handrucken und dem Schaft beibehalten, den sie auch am höchsten Punkt des Rückschwungs hatten. Allgemein wird dies als Late Hit bezeichnet.

KORREKTUR

Um einen vorzeitigen Release zu beseitigen, müssen Sie den Winkel zwischen Schaft und linkem Arm so lange wie möglich beibehalten. Folgende Übung ist sowohl für Anfänger als auch für erfahrene Spieler nützlich. Sie können das sowohl auf dem Golfplatz als auch auf dem Übungsplatz trainieren, schlagen Sie jedoch beim Üben *keine* Bälle.

Griff

Rückschwung

Abschwung

1 Nehmen Sie die Ansprechposition ein, greifen Sie jedoch den Schläger mit der rechten Hand oben am Schlägerschaft. Dann legen Sie die linke Hand darunter auf den Schaft, so dass sie die rechte nicht berührt. Wenn Sie nach unten schauen, sollten Sie zwei oder drei Knöchel der linken Hand sehen.

2 und 3 Machen Sie jetzt ein paar Schwünge. Konzentrieren Sie sich auf die Rück- und Abschwünge, aber führen Sie wenig oder keinen Durchschwung aus. Zunächst werden Sie weiterhin versuchen, den Schläger von der Spitze „auszuwerfen". Sie werden fühlen, wie das rechte Handgelenk und der linke Unterarm sich auf halber Strecke berühren. Das zeigt Ihnen, wo der Release beim Abschwung stattfindet. Je ruhiger Sie die Hände zu Beginn des Abschwungs halten und je länger Sie den Winkel zwischen dem linken Handrücken und dem Schaft beibehalten, desto näher an der Schlagzone wird diese Berührung erfolgen. Sie können sie komplett eliminieren.

Versuchen Sie, beim Abschwung den ganzen Körper einzusetzen: Es ist sehr einfach, sich nur auf die Arme zu konzentrieren, doch das behindert nur Ihren Lernprozess.

ÜBUNG

Eine hilfreiche Übung, an der Sie sich überall versuchen können – zu Hause ebenso wie im Büro. Dabei trainieren Sie, die Handgelenke beim Rückschwung und beim Abschwung angewinkelt zu halten.

1 und 2 Nehmen Sie die Ansprechhaltung ein und legen Sie das linke Handgelenk über das rechte. Greifen Sie mit der linken Hand Zeige- und Mittelfinger der rechten Hand und biegen Sie diese Finger so weit wie möglich zurück, ohne dass es schmerzt. Den Winkel, der zwischen rechtem Unterarm und rechtem Handrücken entstanden ist, wollen Sie beim Abschwung so lange wie möglich beibehalten. **3** Machen Sie ein paar Schwünge und versuchen Sie, diesen Winkel möglichst lange beizubehalten.

TIPP

Für erfahrene Spieler ist es von Vorteil, so von der Spitze des Rückschwungs zu schwingen, dass der Schläger mit der linken Hand zur Rückseite des Balls gezogen wird. Sie sollten außerdem mit dem Griffende des Schlägers fühlen, dass sie den Ball treffen. Diese beiden Hilfen sind sicherlich nützlich. Übertreiben Sie jedoch nicht ihren Einsatz, sonst geraten Sie beim Abschwung „in die Falle“ und schaffen sich neue Probleme.

SHANK

Der Shank ist wahrscheinlich der Golfschlag, der am meisten demoralisiert und entmutigt. In der Tat habe ich von Leuten gehört, die das Golfen aufgegeben haben, weil sie kein Heilmittel dagegen fanden. Bei einigen Leuten ruft schon die Erwähnung des Wortes eine Gänsehaut hervor oder sie fangen an, selbst Shanks zu produzieren. Man könnte fast meinen, Shanks seien ansteckend!

Der Shank, was man auf deutsch mit „Querschläger“ wiedergeben könnte, ist ein Schlag, bei dem der Ball direkt nach rechts abhebt und manchmal den Eindruck erweckt (obwohl dies unmöglich ist), er fliege im rechten Winkel zur Ziellinie. Das geschieht, wenn der Ball im Bereich des Hosels getroffen wird, jenes Gewindes, das den Schaft mit dem Schlägerkopf verbindet. Normalerweise wird der Schlag durch Schließen des Schlägerblatts hervorgerufen, entweder bei einer Schwungbahn von innen nach außen oder bei einer extremen Schwungbahn von außen nach innen. In beiden Fällen befinden sich die Hände beim Auftreffen weiter vom Körper entfernt als beim Ansprechen.

Einige Leute haben die Ansicht vertreten, dass der Shank lediglich durch ein offenes Schlägerblatt im Treffmoment verursacht wird, doch inzwischen hat sich gezeigt, dass dies nicht der Fall ist. Andere glauben, dass ein Ansprechen des Balls mit der Spitze (statt mit der Mitte) des Schlägerkopfes das Problem aus der Welt schafft. Auf kurze Sicht mag das zutreffen, doch auf lange Sicht wird sich Ihr Schwung erneut anpassen und Ihr Problem dürfte sich verstärken.

Es gibt verschiedene Gründe für den Shank; diese sind die häufigsten:

GRIFF

✗ Der Shank hat zwei mögliche Ursachen. Entweder ist der Griff zu stark (Hookgriff), oder die rechte Hand befindet sich zu weit oben. Die falsch platzierte Hand ist problematischer, denn sie ermöglicht das Öffnen der Schlagfläche, was einen sehr flachen Rückschwung erzeugt. Aus dieser Stellung heraus wird ein guter Spieler den Ball von innen in Angriff nehmen und versuchen, die Schlagfläche im Treffmoment wieder square zu stellen. High-Handicapper werden den Schläger an der Spitze des Abschwungs nach außen werfen, wodurch sie eine übertriebene Schwungbahn von außen nach innen erzeugen, und ebenfalls versuchen, die Schlagfläche wieder square zu stellen.

KORREKTUR

Zunächst ist es wichtig, sich einen „neutralen“ Griff anzueignen. Platzieren Sie die linke Hand neben den Schlägergriff, so dass der Schaft vom Ansatz des kleinen Fingers quer über die anderen Finger zum mittleren Glied des Zeigefingers eine Linie bildet. Schließen Sie jetzt die linke Hand um den Schlägergriff. Wenn Sie nach unten schauen, sollten Sie zwei oder drei Fingerknöchel sehen, nicht mehr und nicht weniger. Das mittlere Glied des Daumens berührt den Knöchel des Zeigefingers und es sollte sich eine Linie zwischen Daumen und Zeigefinger bilden, die auf einen Bereich zwischen dem Kinn und der rechten Schulter zeigt.

Die rechte Hand sollte so auf dem Schaft platziert werden, dass die Linie zwischen Daumen und Zeigefinger ebenfalls auf den Bereich zwischen Kinn und rechter Schulter deutet.

TIPP

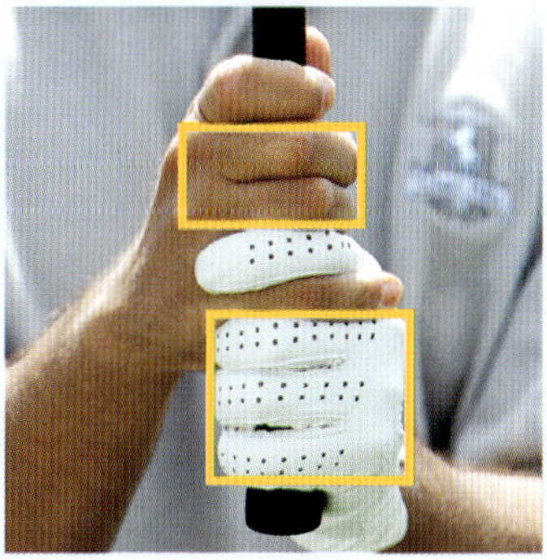

Beim Griff sollten Sie nur in den letzten drei Fingern der linken Hand und in den beiden mittleren Fingern der rechten Hand Druck verspüren.

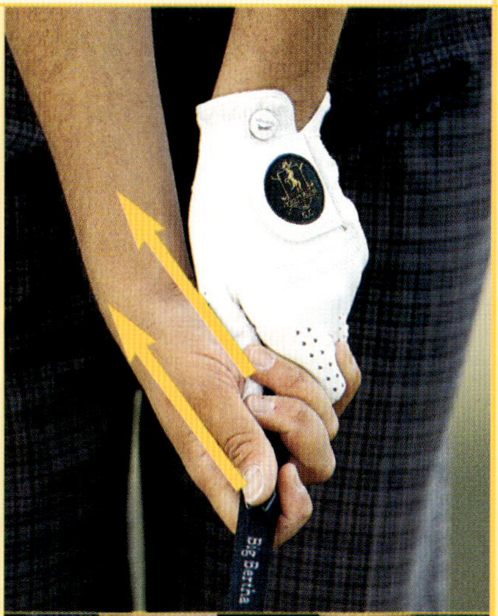

Pull-griff (siehe Seite 13)

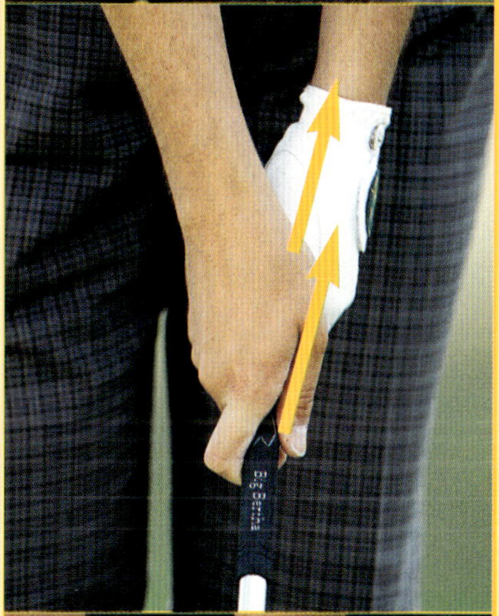

Slice-griff (siehe Seite 13)

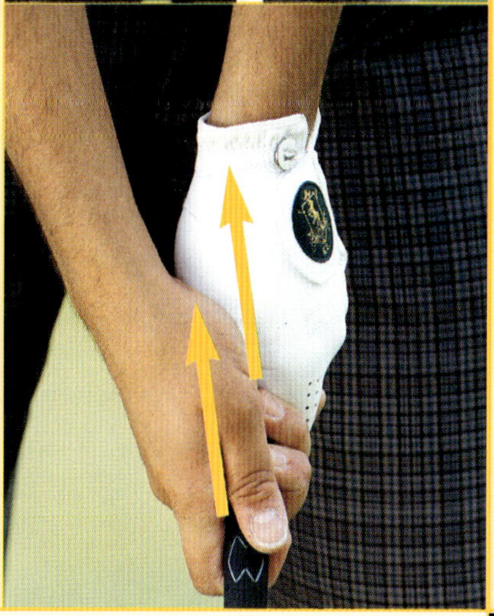

Neutraler Griff (siehe Seite 31)

BALLPOSITION

Oft hat ein Shank-Spieler den Ball zu weit hinten platziert, wodurch ein Schwung entsteht, der betont von innen nach außen verläuft.

KORREKTUR
Erfahrene Spieler sollten den Ball bei Schlägen mit einem Holz gegenüber der linken Ferse platzieren und ihn allmählich bis knapp vor die Standmitte bei Schlägen mit einem kurzen Eisen zurückbewegen. Weniger erfahrene oder weniger sportliche Spieler sollten den Ball bei einem Holz etwa 2–3 cm innerhalb der linken Ferse platzieren, bei kurzen Eisen jedoch genau in die Standmitte.

TIPP

Unabhängig von körperlicher Verfassung und Alter sollten Sie immer daran denken, dass Golf eine sportliche Betätigung ist. Deshalb ist sportliche Bereitschaft angebracht. Mit anderen Worten: Achten Sie auf eine gute Haltung.

AUSRICHTUNG

Schlechte Körperausrichtung erfordert eine Ausgleichsbewegung, um einen Shank zu vermeiden. Wenn die Linie durch Schultern und Füße nach links vom Ziel zeigt, neigt man dazu, den Schläger außerhalb der Ziellinie nach hinten zu führen. Folglich befinden sich die Hände am äußersten Punkt des Rückschwungs weiter vom Körper entfernt als beim Ansprechen. Wenn beim Abschwung kein Ausgleich erfolgt, bleibt das Schlägerblatt weiter vom Körper entfernt und das Hosel wird dem Ball zu nahe kommen und einen Shank hervorrufen.

KORREKTUR
Die gedachte Linie durch Füße, Hüften und Schultern muss immer parallel zur Ziellinie verlaufen (nur das kurze Spiel bildet hier eine Ausnahme). Beim Üben erweist es sich als hilfreich, einen Schläger parallel zur Ziellinie auf den Boden zu legen und die Füße am Schaft des Schlägers auszurichten.

HALTUNG

Zum Shank neigende Spieler haben möglicherweise eine schlechte Haltung, was sie dazu verleitet, beim Rückschwung das Körpergewicht auf die Zehen statt auf die Fußballen zu verlagern. Dann bewegen sich das Schlägerblatt und die Hände vom Körper weg und aus der Schwungbahn. Zwangsläufig bleiben Hände und Schlägerblatt beim Abschwung zu weit vom Körper entfernt – und das Ergebnis ist ein Shank.

KORREKTUR

Stellen Sie sich aufrecht hin, mit den Füßen in Schulterbreite auseinander und einem Schläger an Ihrer Seite. Beugen Sie sich jetzt aus der Hüfte nach vorn, ohne das Kinn auf die Brust zu legen. Drücken Sie Ihr Gesäß ein wenig nach hinten durch. Lassen Sie Hände und Arme locker hängen und winkeln Sie die Knie leicht an. Das Körpergewicht sollte sich auf den Fußballen befinden. Greifen Sie jetzt den Schläger. Halten Sie dabei einen Abstand von 10–12 cm zwischen dem Griffende und der Innenseite des Oberschenkels ein. Die Arme sollten bequem und gerade hängen, nicht starr versteift. Die rechte Schulter und der rechte Ellbogen sollten sich knapp unterhalb ihrer Gegenüber auf der linken Seite des Körpers befinden.

RÜCKSCHWUNG

Einige Spieler sind überrascht, wenn sie erst einen Hook oder zumindest einen Draw spielen und aus dem nächsten Schlag ein Shank wird, der in eine völlig andere Richtung fliegt. Auch viele gute Spieler, die den Ball mit Hook Spin versehen, können ein Problem mit dem Shank haben.

Das Problem liegt im ersten Abschnitt des Rückschwungs. Anstatt den Schläger, den linken Arm, die linke Schulter und die Hüfte synchron zu bewegen, beginnen die Hände den Rückschwung damit, dass sie das Schlägerblatt öffnen. Dadurch wird das Griffende des Schlägers vom Körper weggedrückt und das Schlägerblatt gelangt zu weit nach innerhalb der Ziellinie und nach „innerhalb“ der Hände, was einen flachen Rückschwung erzeugt. Die Schlägerfläche wird beim Auftreffen nur dann square sein, wenn sie wieder in die ursprüngliche Position zurückgedreht wird. Wird dabei übertrieben, ist das Schlägerblatt geschlossen. Aus dem Schlag wird ein Hook oder – wenn sich das Griffende immer noch weiter vom Körper befindet als beim Ansprechen – ein Shank.

Schlägerblatt innerhalb der Hände

KORREKTUR

Zu Beginn des Rückschwungs sollte sich der linke Unterarm leicht vom Ball wegdrehen, doch gleichzeitig mit der Körperdrehung synchron sein. Die Drehbewegung des Rückschwungs bringt den Schlägerkopf nach knapp innerhalb der Ziellinie, doch gleichzeitig sollte er sich „außerhalb“ der Hände befinden.

Schlägerblatt außerhalb der Hände

Statt mit dem Schlägerblatt den Rückschwung zu beginnen, stellen Sie sich vor, dass das Griffende des Schlägers den Rückschwung anfängt und dass Sie im ersten Abschnitt des Rückschwungs den rechten Oberschenkel mit dem Schläger streifen. So bleibt der Schlägerkopf zu Beginn im Bereich „außerhalb" der Hände und bewegt sich knapp innerhalb der Ziellinie.

ÜBUNG

Sprechen Sie einen imaginären Ball an, wobei die Hände den Schaft hinuntergleiten und das Griffende des Schlägers in Ihrem Nabel steckt. Machen Sie jetzt ein paar sehr kurze Übungsschläge, wobei Sie etwa einen halben bis einen ganzen Meter zurückschwingen. Damit unterstützen Sie den synchronen Bewegungsablauf beim Rückschwung.

SCHLAG IN DEN HIMMEL

Steil in den Himmel schlägt man normalerweise mit einem Holz vom Tee oder aus einer sehr „flaumigen" Lage im Rough, wo der Ball aufsitzt. Es ist das Ergebnis eines scharfen Schlages nach unten, wobei der Schlägerkopf beim Auftreffen fast komplett unter dem Ball verschwindet. Darauf fliegt der Ball meistens hoch in die Luft, legt jedoch nur eine geringe Entfernung zurück.

GRIFF

Der Hauptgrund für einen Schlag in den Himmel ist der Griff. Dabei handelt es sich meistens um den Hookgriff, bei dem sich beide Hände zu weit unterhalb des Schafts befinden. Wenn Sie auf Ihren Griff hinunterschauen, sind wahrscheinlich mindestens vier Knöchel der linken Hand zu sehen.

✗ Dieser starke Griff verleitet dazu, den Schläger beim Rückschwung schnell anzuheben, bei nur geringer Drehung von Schultern und Körper.

Wenn der Rückschwung zu eng ist, haben Beine, Hüften und Schultern weder Zeit noch Platz, um den Schläger auf die korrekte Bahn zurückzubringen. Ergebnis ist ein scharfer Schlag nach unten, wobei oft noch ein Divot mitgenommen wird.

✓ KORREKTUR

Halten Sie den Schläger mit neutralem Griff (siehe Seite 31), indem Sie versuchen, mit beiden Händen höher zu greifen. Schauen Sie auf die Hände hinunter und stellen Sie folgende Dinge fest:

- Nur zwei Knöchel des linken Handrückens sind sichtbar.
- Die zwischen Daumen und Zeigefinger der linken Hand gebildete Linie zeigt auf den Bereich zwischen dem Kinn und der rechten Schulter.
- Wenn die rechte Hand auf den Schaft gelegt wird, sollte die entsprechende Linie zwischen Daumen und Zeigefinger ebenfalls auf den Bereich zwischen Kinn und rechter Schulter deuten.

Wenn eine dieser Linien oder beide Linien auf die rechte Schulter oder sogar außerhalb davon deuten, ist der Griff immer noch zu stark.

HALTUNG

Wenn ein Spieler beim Ansprechen zu nah am Ball und folglich zu aufrecht steht, kann er sich nicht auf der korrekten Schwungbahn zurückdrehen. Deshalb kann er auch nicht den für den fegenden Abschwung nötigen Raum schaffen, der bei Tee-Schlägen mit Hölzern gebraucht wird. Stattdessen besteht der Schwung nur aus Händen und Armen und sehr wenig Körperbewegung. Die Schultern drehen sich selten, denn sie tendieren viel leichter zu einer Kippbewegung. Dieser Fehler tritt nicht nur bei Anfängern und Spielern mit hohem Handicap auf, sondern auch bei erfahreneren Golfern, denen es vielleicht nicht gelingt, sich korrekt vom Ball wegzudrehen.

KORREKTUR

Wenn Sie den Ball ansprechen, halten Sie das Griffende des Schlägers etwa 10–12 cm von der Innenseite des linken Oberschenkels entfernt. Vielleicht haben Sie jetzt das Gefühl, dass Sie sich zu sehr nach dem Ball strecken. Das bedeutet jedoch, dass Sie immer noch zu gerade stehen. Vergewissern Sie sich, dass die Knie leicht angewinkelt sind, dass der Oberkörper sich bei geradem Rücken von der Hüfte nach vorn beugt und dass Ihr Gesäß leicht nach hinten durchgedrückt ist. Hilfreich ist auch, sich vorzustellen, dass man gerade auf einen hohen Hocker sitzt (achten Sie darauf, dass sich das Körpergewicht auf den Fußballen befindet).

KAPITEL VIER

Das kurze Spiel und das Putten

Mike Barton, mein ehemaliger Chef, erzählte mir einmal, wie er als junger Turnierspieler bei der im Fernsehen übertragenen Penfold PGA Matchplay Championship vom australischen Golfer Rodger Davis in Grund und Boden gespielt wurde. Auf meine Frage nach dem Hauptunterschied zu seinem Gegner antwortete Mike: „Beim Abschlag vom Tee fast gar kein Unterschied." Wenn überhaupt, so war Mike der Meinung, dass er der bessere Ballschläger war. Der wirkliche Unterschied zeigte sich erst, wenn Davis in eine Entfernung von etwa 130 Metern zum Grün gelangte. Offensichtlich lief es dann wie beim Dart: pfeilgerade hin und dann direkt ins Loch.

Das kurze Spiel ist der Teil beim Golf, der von den Spitzenspielern am intensivsten trainiert wird. Nehmen Sie sich ein Beispiel! In diesem Kapitel habe ich die Reihenfolge der Fehlerfindung verändert, weil ich mich auf Ihre wahrscheinlich häufigsten Probleme konzentrieren möchte. Später werde ich Ihnen verschiedene Tipps und Übungen anbieten, die Ihr kurzes Spiel und Ihre Scores verbessern werden.

Außerdem werden wir einen Blick auf den entscheidenden Bereich des Spiels werfen – das Putten. Hier wurden einige der berühmtesten Siege und Niederlagen des Golfsports entschieden.

CHIPPEN

Der Chip ist ein kurzer flacher Schlag zum Grün. Chips sind häufig inkonsistent – entweder zu sauber und lang oder zu schwer und kurz, aufgrund eines die Handgelenke betonenden Ab- und Durchschwungs. Dabei wird das linke Handgelenk „gewölbt“ und der Handrücken zeigt nach oben.

Dies ist ein typischer Fehler unter Wochenendgolfern, die meinen, sie müssten dem Ball in die Luft verhelfen, statt auf den Loft des Schlägers zu vertrauen.

KORREKTUR

Beim Ansprechen sollte der Ball im Stand zurückgelegt werden, was die Position der Hände vor dem Ball fördert. Diese Position der Hände müssen Sie beim gesamten Schwung für kurze Chip-Schläge beibehalten. Verlagern Sie während des ganzen Ablaufs das Körpergewicht auf die linke Seite und stellen Sie sich vor, dass Sie den Ball mit dem linken Handrücken schlagen und das Gras unter dem Schlägerkopf nur ganz leicht streifen.

ÜBUNG

Meine Lieblingsübung zur Beseitigung des gewölbten linken Handgelenks bei kurzen Chips.

Besorgen Sie sich einen alten Schlägerschaft und stecken Sie ihn auf das Griffende eines alten 8er-Eisens. Stellen Sie sich jetzt zum Chippen auf. Machen Sie ein paar Schläge und versuchen Sie, den linken Handrücken beim Durchschwung square zum Ziel zu halten. Der vorstehende Schaft „kitzelt“ sanft Ihre Rippen, wenn Sie es nicht schaffen.

CHIPPEN MIT MITTLEREN EISEN

Entfernungen falsch zu beurteilen kann darin begründet sein, dass der Landepunkt des Balls bei den diversen Schlägern nicht richtig eingeschätzt wird. Viele Freizeitgolfer konzentrieren sich zu sehr auf das Ziel selbst, anstatt sich mit der wichtigeren Frage zu beschäftigen, wo der Ball landet, bevor er zum Loch rollt.

KORREKTUR

Zur Ausführung strategischer Schläge müssen Sie wissen, welchen Schläger Sie einsetzen und wie der Ball bei diesem Schläger reagiert. Denken Sie immer daran, beim Chippen den Ball so weit wie möglich auf dem Boden zu halten.

Die folgenden Vorschläge gelten für saubere Lage und ein relativ flaches Grün.

Beim 5er-Eisen verbringt der Ball auf dem Weg zum Loch etwa 10% der Entfernung in der Luft und 90% am Boden.

Beim 7er-Eisen verbringt der Ball etwa 25% der Distanz in der Luft.

Beim 9er-Eisen verbringt der Ball etwa 50% der Distanz in der Luft.

Unabhängig vom Schläger ist es entscheidend, den Schaft immer an derselben Stelle zu greifen und immer das gleiche Schwungtempo einzusetzen. Lassen Sie den Loft des Schlägers für sich arbeiten.

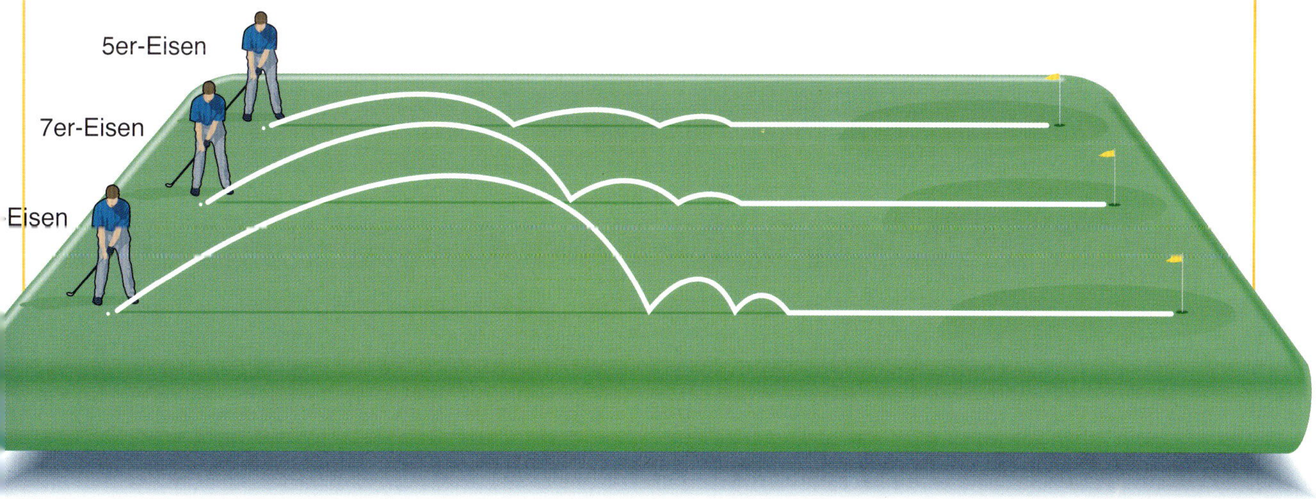

PITCHEN

Mit Pitchen bezeichnet man die „Zwischenschläge" von ungefähr 10–100 m. Der Pitch ist weder ein voller Schlag noch ein Chip, und doch gehört Pitchen zu den wichtigsten Aktionen des Spiels, zusammen mit Chippen und Putten. Ich glaube, es war Gary Player, der gesagt hat, dass 70% aller Schläge einer Golfrunde weniger als 70 m vom Grün gespielt werden.

„Fahren Sie einfach zum Übungsgelände eines beliebigen Golfplatzes. Eher werden Sie drei Dinosaurier sehen als einen Golfer, der dort das Pitchen trainiert."

Lee Trevino

Normaler Stand

INKONSTANTES PITCHEN

Bevor viele meiner Schüler zu mir kamen, war ihnen nicht bewusst, wie wichtig das Pitchen beim Golf ist. Folglich hatten sie diesen Schlägen nicht den nötigen Respekt gezollt und sie nicht ausreichend geübt. Häufig versuchten sie, wie bei einem normalen Schlag zu verfahren. Sie sprachen den Ball an, als ob sie den Ball 150 m oder weiter schlagen wollten. Dabei gibt es zwei Probleme: Einerseits wird der Rückschwung zu lang und zum Ausgleich muss der Spieler den Abschwung verlangsamen und büßt damit Genauigkeit ein. Andererseits kommt der Unterkörper im Treffmoment in die Quere, worunter sowohl Genauigkeit als auch Länge des Schlages leiden.

Stand beim Pitchen (von vorn)

Stand beim Pitchen (von der Seite)

KORREKTUR

Sprechen Sie den Ball normal an, nur mit etwas engerem Stand. Ziehen Sie jetzt den linken Fuß ein wenig von der Ziellinie zurück. Dadurch wird der Unterkörper im Verhältnis zur Ziellinie geöffnet. Folglich werden Ihre Beine ziemlich passiv sein und beim Auftreffen nicht im Weg stehen. Allerdings ist es entscheidend, dass sich die Schlagfläche und die Schultern square zur Ziellinie befinden, sonst landen Ihre Pitches links vom Ziel.

Der Ball wird kurz vor die Standmitte platziert, mit dem Griffende des Schlägers gegenüber der Innenseite des linken Oberschenkels.

Ungefähr zwei Drittel des Körpergewichts lagern beim Ansprechen auf der linken Seite und beide Knie sind leicht Richtung Ziel angewinkelt, als ob Sie versuchten, die Auftreffposition zu spiegeln.

Der Durchschwung hat dieselbe Länge wie der Rückschwung. Er sollte ein Spiegelbild des Rückschwungs sein.

SHANK

Shanks und Pulls nach links vom Ziel werden von einer falschen Schwungbahn des Schlägers verursacht. Normalerweise wird hierbei die Schlagfläche beim Rückschwung geöffnet – in dem sinnlosen Versuch, auf diese Weise eine höhere Flugbahn zu erzielen. Die Hände werden dadurch weiter vom Körper entfernt als beim Ansprechen und heraus kommt eine flache Schwungbahn. Wenn Sie beim Abschwung keinen Ausgleich schaffen, kommt es zu einem Shank. Kompensieren Sie zu sehr, verziehen Sie den Ball wahrscheinlich in einem Pull nach links vom Ziel.

KORREKTUR

Wegen der relativen Kürze des Pitch-Schwungs wird nicht die normale Korrektur für Shanks eingesetzt. Konzentrieren Sie sich einfach auf die folgende Übung.

Nehmen Sie den normalen Pitch-Stand ein (siehe Seite 71). Wenn Stand und Haltung richtig sind, arbeiten Sie einfach mit der Vorgabe, dass die Daumen nach der Hälfte des Rückschwungs zum Himmel zeigen müssen und nicht nach hinten (oben links). Beim Durchschwung sollte diese Position wiederholt werden (oben rechts).

LOBS

Es mag einfach erscheinen, den Ball auf einer hohen Flugbahn über kurze Entfernung zu schlagen. Doch der Lob wird oft schlecht gespielt und falsch verstanden – und er wird von vielen Golfern gefürchtet. Allzu häufig wird der Schlag zu dünn (zu sauber) getroffen und der Ball fliegt in einer sehr flachen Bahn direkt in das Hindernis, das Sie überwinden wollten. Der Spieler hat die Ausführung dieses Schlags missverstanden. Anstatt auf die Wirkung des Schlägers zu vertrauen, versucht er, dem Ball durch eine Löffelbewegung beim Abheben behilflich zu sein. Dabei trifft er ihn jedoch mit der unteren Kante des Schlägerblatts, wodurch er direkt nach vorn statt nach oben und nach vorn fliegt.

KORREKTUR

Der Lob sollte von dort gespielt werden, wo sich eine ausreichende Grasunterlage befindet. Beim Ansprechen richten Sie die Linien durch Füße, Hüften und Schultern nach links vom Ziel aus (offene Ausrichtung). Der Ball sollte weiter vorn liegen als sonst. Mir ist es am liebsten, wenn sich der Ball in der Nähe meiner linken großen Zehe befindet. Das Schlägerblatt zeigt leicht nach rechts von der Ziellinie. Der Griff ist etwas schwächer – wie ein Slicegriff, mit beiden Händen höher am Schaft als normalerweise.

Machen Sie jetzt einen ziemlich langen Schwung parallel zu Ihrem offenen Stand – aber nicht parallel zur Ziellinie. Die Schwunggeschwindigkeit sollte eher mäßig sein, aber beschleunigen Sie fließend in den Ball hinein. Entscheidend ist, dass sich die Hände während des Auftreffens nicht square zum Schlägerblatt stellen.

Von Tom Watson habe ich gelernt, beim Durchschwung darauf zu achten, dass die Knöchel der linken Hand zum Himmel zeigen. So bleibt das Schlägerblatt beim Auftreffen geöffnet.

BUNKERSPIEL

EXPLOSIONSSCHLÄGE

Im Laufe meiner Karriere musste ich bei unzähligen Pro-Am-Turnieren, Celebrity- und Wohltätigkeitsveranstaltungen spielen. In der Regel befanden sich drei Amateure in meinem Team. Am meisten überraschte mich immer die Tatsache, dass die wenigsten meiner Amateurpartner – unabhängig von persönlicher Erfahrung und Können – auch nur die geringste Ahnung hatten, wie man im Bunker einen Explosionsschlag spielt. Fragen Sie sich mal selbst, wie oft Sie oder Ihre Spielpartner den Ball aus dem Bunker in die Nähe des Lochs befördern. Lesen Sie weiter und lernen Sie einige der häufigsten Fehler beim Bunkerspiel kennen, die mir im Laufe der Jahre aufgefallen sind.

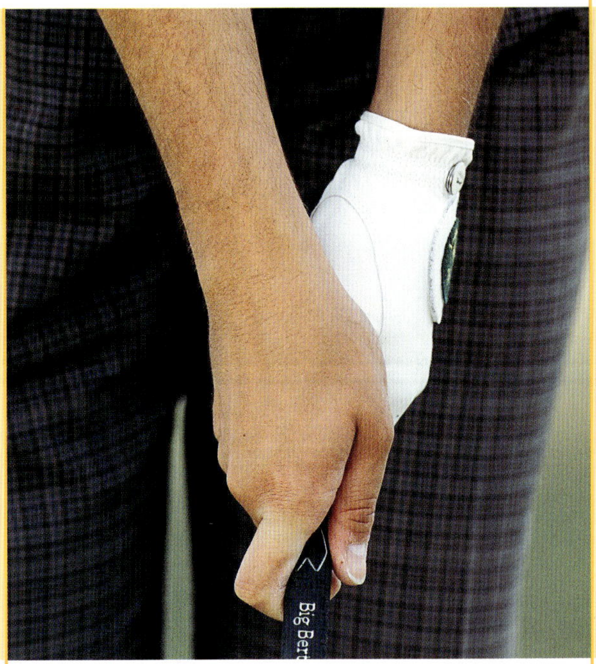

Ihre Versuche, im Bunker einen konventionellen Explosionsschlag zu spielen, führen zu den unterschiedlichsten Ergebnissen: Sie spielen zu lang oder zu kurz, Sie befördern zu viel oder zu wenig Sand heraus und oft genug kommen Sie überhaupt nicht aus dem Bunker.

All diese Probleme haben ihren Grund in der Unkenntnis der nötigen Technik. Unzählige Male musste ich mit ansehen, wie Freizeitgolfer versuchten, Bunkerschläge genau wie konventionelle Pitch-Schläge zu spielen. Sehr oft ist der Ball im Stand zu weit hinten, die Schlagfläche ist square und der Schwung hat viel mit einem Boxkampf im Schwergewicht gemein: kurz und brutal.

KORREKTUR

Denken Sie beim Explosionsschlag daran, dass dies der einzige Schlag ist, bei dem Sie versuchen, keinen direkten Kontakt mit dem Ball zu bekommen! Sie wollen den Ball dazu bringen, auf einem Sandkeil aus dem Bunker zu fliegen. Dafür brauchen Sie die richtige Technik. Stellen Sie sich im Bunker so auf, dass die Linie durch Füße, Hüften und Schultern nach links von der Ziellinie ausgerichtet ist (offener Stand). Das Schlägerblatt befindet sich square zur Ziellinie und damit offen im Verhältnis zu Ihrem Stand. Der Ball liegt weiter vorn im Stand als sonst, am besten gegenüber Ferse und Zehen des linken Fußes. Der Griff ist eher schwach, mit beiden Händen weiter oben am Schaft, damit sich das Schlägerblatt beim Auftreffen nicht dreht.

1

2

1 Graben Sie jetzt die Füße ein wenig in den Sand. Damit erreichen Sie drei Dinge:

- Es verschafft Ihnen einen soliden Stand.
- Sie können Festigkeit und Tiefe des Sandes fühlen.
- Ihre Schwungbahn wird niedriger und es wird leichter, den Sand vor dem Ball zu treffen.

2 Konzentrieren Sie sich auf einen Punkt 5–7 cm vor dem Ball und machen Sie einen vollen, rhythmischen Schwung auf einer Linie mit Ihrem offenen Stand, *nicht* mit der Ziellinie.

Achten Sie darauf, dass Sie durch den Ball hindurch beschleunigen und nicht unterwegs abbrechen. Wichtig ist außerdem, dass die Schlagfläche im Verhältnis zur Schwungbahn offen bleibt. Wenn Sie ein Sand-Wedge einsetzen und die Schlagfläche offen halten, sollten Sie ein recht langes und flaches Divot herausbefördern.

TIPP

Schauen Sie immer auf den Punkt im Sand, wo der Schlägerkopf eindringen soll, niemals auf den Ball. Mit der Länge des Schwungs kontrollieren Sie die Distanz, die der Ball fliegen soll.

EINGEGRABENE BUNKERBÄLLE

Wir kennen alle die Enttäuschung, wenn wir den Ball in den Bunker pitchen und ihn dann im Sand vergraben vorfinden. Wie gehen Sie vor? Spielen Sie einen Explosionsschlag? Schlagen Sie härter zu? Müssen Sie sich anders aufstellen?

Alle diese Fragen gehen Ihnen durch den Kopf. Sie sind unentschieden, d.h. Sie sind nicht von Ihrem Schlag überzeugt. Wenn Sie sich im Bunker Ihrer Schläge nicht sicher sind, werden Sie nie herauskommen!

EINGEGRABENE BÄLLE SPIELEN

Wenn ein Ball tiefer als sonst im Sand liegt, muss ein größeres und tieferes Divot geschlagen werden. Dabei muss der Golfer immer daran denken, dass ein Sand-Wedge konzipiert wurde, um im Sand zu „springen“ und ein langes flaches Divot zu schlagen. Deshalb muss der Spieler beim Ansprechen und beim Schwung einige Anpassungen vornehmen.

Das Schlägerblatt sollte square (oder sogar ein wenig geschlossen) zur Ziellinie sein. Die Linie durch Füße, Hüften und Schultern sollte parallel zur Ziellinie sein (wie beim normalen Fairway-Schlag).

Doch der wichtigste Faktor ist die Ballposition: Es ist entscheidend, dass sich der Ball gegenüber Ihrer Standmitte befindet. Dadurch werden die Hände wesentlich weiter vor den Ball geschoben. Zwei Drittel des Körpergewichts auf der linken Seite und weit vorn platzierte Hände sorgen für den steilen Rückschwung, den Sie für ein tiefes Divot brauchen.

Wie beim „Explosionsschlag“ sollten Sie auch hierbei nicht direkt auf den Ball schauen, sondern auf einen Punkt etwa 5–7 cm davor. Außerdem ist es hilfreich, beim Rückschwung die Handgelenke etwas früher anzuwinkeln und den Abschwung energisch anzugehen. Es gibt praktisch keinen Durchschwung, denn der Sand bremst den Schlägerkopf ab. Der Ball selbst kommt flach und ohne Backspin heraus. Planen Sie deshalb längeres Ausrollen ein. Seien Sie beherzt, aber übertreiben Sie nicht.

Unter Umständen fällt Ihnen das Schlagen von eingegrabenen Bällen mit dem Pitching-Wedge oder dem 9er-Eisen leichter. Das liegt an der speziell gerundeten Sohle beim Sand-Wedge, die den Schläger durch den Sand „springen“ und ein flaches Divot schlagen lässt. Andererseits hat das Pitching-Wedge eine scharfe Führungskante, die sich gern eingräbt.

BUNKERSCHLÄGE AUS HANGLAGEN

Die meisten Amateure kämpfen mit diesen Schlägen und obwohl sich Profis gemeinhin wegen eines Bunkers keine Sorgen machen, kommen auch sie bei Abwärts- und Aufwärtslagen manchmal ins Grübeln.

Viele Golfer neigen dazu, Bälle in Hanglagen so zu behandeln, als seien es normale Bunkerschläge mit ebenem Lie. Das kann dazu führen, dass sie nie aus dem Bunker herauskommen. Bei einer Aufwärtslage bleibt der Schlägerkopf beim Durchschwung im Hang stecken, während der Ball sich kaum bewegt. Bei der Abwärtslage springt der Schlägerkopf beim Abschwung normalerweise zu früh vom Sand ab und trifft den Ball zu sauber. (Tatsächlich habe ich schon beobachtet, wie Leute hierbei den Ball völlig verfehlten.)

KORREKTUR AUFWÄRTSLAGE

Sprechen Sie den Ball normal an. Die Ballposition ist wie beim konventionellen Explosionsschlag. Verlagern Sie jetzt drei Viertel des Körpergewichts auf die rechte Seite. Dadurch kippt die rechte Schulter nach unten, so dass Ihre Schulterachse parallel zum Hang verläuft. Der Schwung folgt dem Verlauf des Hangs, wobei sich der Spieler um ein kraftvolles Auftreffen bemüht, das den Schläger wieder aus dem Sand befördert und einen gewissen Durchschwung ermöglicht. Denken Sie daran, dass dieser Ball ziemlich hoch fliegt und sehr wenig ausrollt. Seien Sie also energisch.

KORREKTUR ABWÄRTSLAGE

Der Ball wird hinter die Standmitte platziert und das Körpergewicht zum Großteil auf das linke Bein verlagert. Die rechte Schulter befindet sich oberhalb der linken Schulter und die Schulterachse sollte parallel zum Hang verlaufen.

Der Schwung bei dieser Lage besteht hauptsächlich aus einer Bewegung der Hände und der Arme und ich rate dabei zu einer etwas größeren Standbreite, um den Körper passiv zu halten.

Dieser Schwung verläuft wie ein L: ein ziemlich abruptes Anheben des Schlägers mit Händen und Armen beim Rückschwung und ein langer und flacher Durchschwung. Achten Sie darauf, zuerst den Sand zu treffen, und denken Sie daran, dass dieser Ball auf dem Grün noch weit ausrollt.

PUTTEN

„Herr im Himmel, gib mir beim Putten die Kraft zum Einlochen, damit ich nie lügen muss, wenn ich meinen Freunden davon erzähle."

Dieses einfache Gebet für gutes Putten fand ich in ein Stück Holz geritzt auf einem Flohmarkt, als ich elf Jahre alt war. Es stach mir regelrecht in die Augen. Ich weiß nicht, wann und von wem es verfasst wurde. Aber ich weiß, dass viele Leute auf dem Golfplatz unzählige Male ein ähnliches Gebet gemurmelt haben. Den wenigsten Golfern ist klar, dass auf einer Golfrunde im Schnitt 43 % der Schläge auf dem Grün stattfinden! Harry Vardon sagte einmal: „Putten ist ein Spiel im Spiel."

Ich habe einige der häufigsten Fehler auf dem Putting Green ausgewählt und die notwendigen Korrekturen beschrieben. Allerdings werden Sie nur dann besser putten, wenn Sie regelmäßig üben!

DEN PROFIS ABGESCHAUT

Jack Nicklaus sagt, dass er bei der Vorbereitung seines Putts die Augen über den Ball platziert. Dadurch fällt es ihm leichter, das Schlägerblatt square und auf der Linie zu halten. Daher hat es den Anschein, dass er sich tiefer über den Ball beugt als andere Profis.

INKONSTANTER SCHLAG

Ein inkonstanter Schlag führt zu schlechtem Putten und schlechten Scores. Die Ursache ist das Fehlen einer eingeübten Ansprechroutine und eine falsche Vorstellung davon, wie der Putter geschwungen werden sollte.

Immer wenn Sie bei Spitzengolf zuschauen, sei es bei den Frauen, bei den Senioren oder bei den Turnieren der PGA, werden Sie feststellen, dass jeder Spieler seinen ganz individuellen Stil beim Putten hat. Einige beugen sich wie Jack Nicklaus tief über den Ball (siehe oben), andere stehen aufrechter wie Ben Crenshaw und Justin Leonard. Doch egal wie sie stehen, sie folgen alle bestimmten Regeln.

GRIFF

1

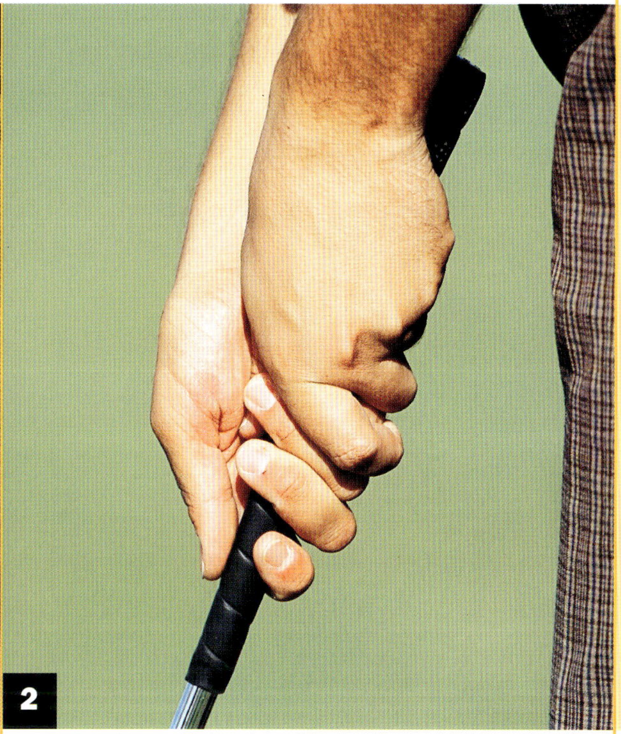
2

KORREKTUR

Die Stile mögen unterschiedlich sein, doch Sie werden bei allen guten Spielern feststellen, dass sich der untere Teil des Körpers beim Putten überhaupt nicht bewegt.

Die meisten Spieler beugen sich von der Taille nach vorn, so dass Hände und Arme frei hängen können. Die Schlagfläche zeigt direkt auf das Ziel.

1 Der Griff kann variiert werden, doch halte ich es für sinnvoll, dass sich die Handflächen einander gegenüber und square zur Schlagfläche befinden.

2 Beim Putten rate ich zum Reverse-Overlap-Griff, bei dem der Zeigefinger der linken Hand über dem rechten kleinen Finger liegt. Halten Sie den Schläger leicht, mit dem Griff weit oben in der linken Handfläche. Beide Dinge helfen Ihnen, die Hände während des Schlages „ruhig zu stellen“. Beim Ansprechen sollte sich der Ball direkt unter dem linken Auge befinden und beim Hinabschauen sollten die Augen mit der Ziellinie auf einer Linie sein. Der Bewegungsablauf funktioniert wie ein Pendel und wird mit Schultern und Armen ausgeführt, Hände oder Handgelenke spielen nur eine minimale Rolle. Denken Sie immer daran, dass die Länge Ihres Schlags die Entfernung bestimmt, die der Ball zurücklegt. Versuchen Sie nicht, den Ball hart oder weich zu treffen, da sich dies im Laufe der Zeit negativ auswirken wird. Der Putt ist ein kontrollierter Schlag und hat nichts mit Kraft zu tun.

DAS TEMPO BEIM PUTTEN

Probleme beim Putten werden oft durch das Abbremsen des Putterkopfes verursacht. Die meisten Golfer haben beim Putten weniger Schwierigkeiten mit der Richtung als mit der Distanz. Alle großen Putter haben ein hervorragendes Gefühl für das Tempo und halten immer den gleichen Rhythmus ein, unabhängig von der Länge und Komplexität des Putts, den sie gerade spielen.

KORREKTUR

Die Länge des Wegs, die Ihr Putt zurücklegt, wird von der Länge Ihres Schlages definiert, einschließlich des guten Durchschwungs. Wenn Sie ein Abbremsen des Putterkopfes vermeiden wollen, muss Ihr Durchschwung doppelt so lang sein wie Ihr Rückschwung. Der Putterkopf sollte durch den Ball beschleunigt werden.

Mir gefällt eine Übung, bei der die Hände „kalt gestellt“ werden und die Schultern „schaukeln“. Stecken Sie einfach einen Schläger quer über die Brust unter die Achseln. Während die Oberarme den Schläger halten, schlagen Sie ein paar Putts. Sie werden konkret erfahren, wie sich Schultern und Arme beim Putten bewegen sollen – und wie passiv sich die Hände verhalten.

ÜBUNG

Probieren Sie doch mal Folgendes. Beim Ansprechen auf einer flachen Stelle des Grüns legen Sie einen zweiten Ball 20 cm hinter den ersten. Versuchen Sie jetzt, den „Zielball" zu schlagen, ohne den „Rückstopp-Ball" zu berühren. Achten Sie darauf, dass der Übergang vom Rück- zum Vorwärtsschwung nicht ruckartig erfolgt, sondern wie bei einem Pendel abläuft, und dass der Durchschwung doppelt so lang ist wie der Rückschwung.

Ansprechen

Rückschwung

Vorwärtsschlag und Auftreffen

TIPP

Berücksichtigen Sie mehr oder weniger Break, je nach Geschwindigkeit des Grüns. Allgemein bricht der Putt auf trockenen schnellen Grüns stärker als auf nassen langsamen.

YIPS

Der Hauptgrund für Yips ist eine „mentale" Angst davor, das Loch nicht zu treffen. Diese Angst drückt sich als ein unkontrollierbarer Reflex in den Händen aus. Merkwürdig ist dabei, dass viele Golfer mit Yips gute Distanzputter sind: Da nicht erwartet wird, dass bei langen Putts eingelocht wird, empfinden sie weniger Stress. Die meisten Fälle können recht einfach geheilt werden – durch die Aneignung einer soliden Technik.

MENTALE VORBEREITUNG

Wenden wir uns zunächst der mentalen Seite zu. Dr. Gary Wiren bemerkte: „Die Angst vor verfehlten Putts kommt von verfehlten Putts in der Vergangenheit und der Erinnerung daran." Ein gutes Beispiel dafür, wie übertriebenes Nachdenken über das Spiel Probleme hervorrufen kann.

Versuchen wir, den Tatsachen ins Auge zu sehen. Sie werden auch in Zukunft mehr Putts verfehlen als einlochen. Aber geht davon die Welt unter? Glauben Sie einfach daran, dass Sie den nächsten Putt einlochen, anstatt sich in Befürchtungen zu verlieren. Setzen Sie immer Ihre Willenskraft ein, um den Ball ins Loch zu zwingen.

Die wahre Ursache der Yips liegt sehr wahrscheinlich in mangelnder Technik. Häufig umklammert ein solcher Spieler den Putter zu fest, steht beim Ansprechen zu nah oder zu weit, richtet sich falsch aus und setzt beim Schlag zu viel Handgelenk ein. Deshalb muss der Golfer die Handgelenke steif halten und verhindern, dass sich das linke Handgelenk beim Auftreffen „wölbt".

KÖRPERLICHE VORBEREITUNG

Achten Sie zunächst darauf, den Puttergriff so hoch wie möglich in der linken Hand zu halten. Das Griffende sollte in der Handwurzel aufliegen.

Dadurch beschreibt das linke Handgelenk einen Bogen und wird versteift. Platzieren Sie nun die rechte Hand auf den Griff und achten Sie darauf, dass die Handflächen square zum Ziel und einander gegenüber sind. Die Art des Griffs bleibt Ihnen überlassen, doch rate ich zum Reverse-Overlap, bei dem der Zeigefinger der linken Hand über dem kleinen Finger der rechten Hand zu liegen kommt.

Sollten Sie feststellen, dass sich das linke Handgelenk beim Auftreffen immer noch wölbt, wäre ein Reverse-Griff ratsam.

DEN PROFIS ABGESCHAUT

Bernhard Langer schlug die Putts mit seinem berühmten langen Reverse-Griff, den er perfektionierte, bis er sich spezielle Putter mit langem Griff anfertigen ließ.

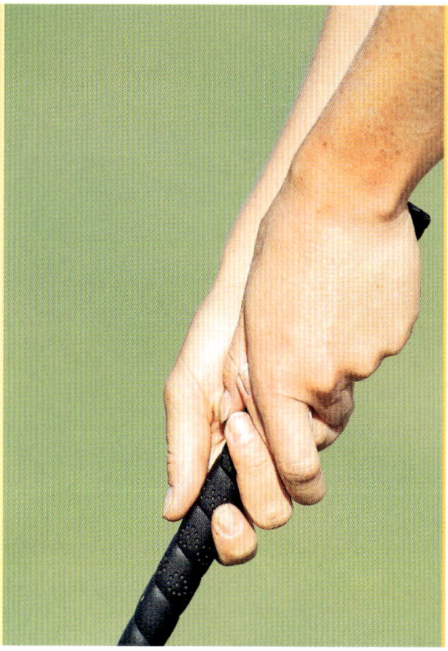

Reverse-Overlap-Griff

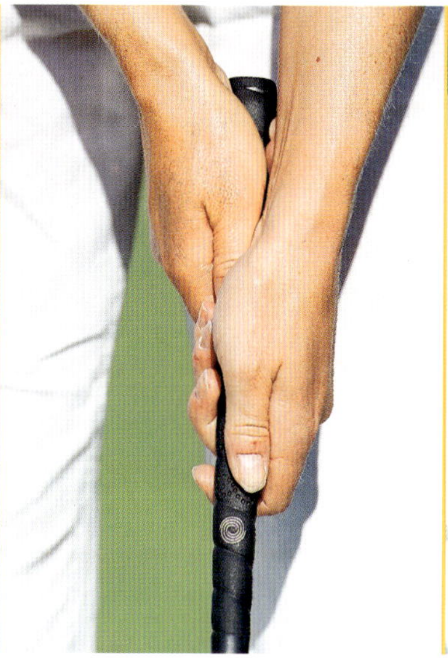

Reverse-Griff

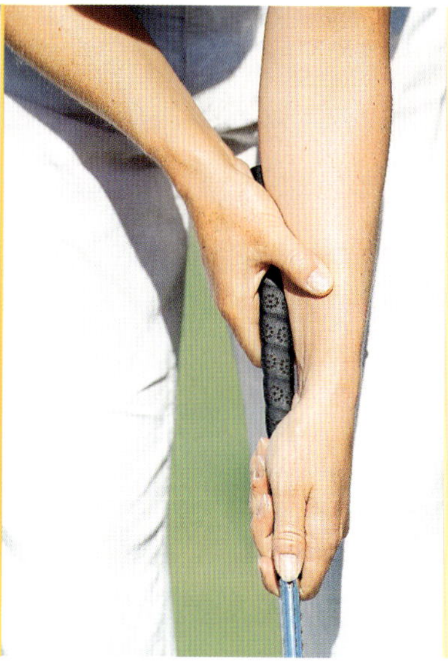

Langer Reverse-Griff

Bei der einfachsten Version befindet sich die rechte Hand oben am Griff und die linke darunter. Erweisen sich die Probleme als hartnäckig, sollten Sie es mit dem langen Reverse-Griff versuchen. Dabei ist die linke von der rechten Hand getrennt und die rechte Hand fixiert den linken Unterarm am Schaft. Über viele Jahre wurde dieser Stil von Bernhard Langer praktiziert. Aber: Greifen Sie den Schläger stets mit leichter Hand.

Beim Verschlagen kurzer Putts spielt die Ballposition eine entscheidende Rolle. Die meisten guten Putter platzieren den Ball direkt unter dem linken Auge und über der Ziellinie. Wenn Sie zu weit weg oder zu nah am Ball stehen, fördern Sie einen unregelmäßigen Schlag. Sie werden mehr dazu neigen, die Putts nach links oder rechts zu verziehen.

Viele Spieler richten den Putterkopf falsch aus, weil sie zuerst den Stand einnehmen. Alle guten Putter richten zuerst den Schläger aus und nehmen *danach* ihren Stand ein.

Versuchen Sie, sich über dem Ball zu entspannen, und schwingen Sie den Putter mit normalem Tempo. Entspannen Sie die Handgelenke, damit keine Spannung entsteht, die einen plötzlichen Schwung verursacht. Tom Watson und David Leadbetter empfehlen, beim Schwung bis zwei zu zählen. Eins für den Rückschwung und zwei für den Durchschwung.

Zum Schluss spitzen Sie bewegungslos die Ohren und lauschen, wie der Ball ins Loch fällt. Viele Spieler heben den Kopf hoch und bewegen den Körper von der Ziellinie weg, wenn der Putter den Ball trifft. Das führt fast immer dazu, dass das Loch verfehlt wird und der Ball nach links rollt.

Fassen wir zusammen: Richten Sie zuerst den Putterkopf aus, greifen Sie den Schläger auf korrekte Weise (und mit leichtem Druck), achten Sie darauf, dass sich das linke Auge beim Ansprechen über dem Ball befindet und schlagen Sie einen Pendelschwung mit gutem Tempo. Dann – nicht bewegen! – hören Sie zu, wie der Ball ins Loch fällt.

TEIL ZWEI

Professionelle Tipps

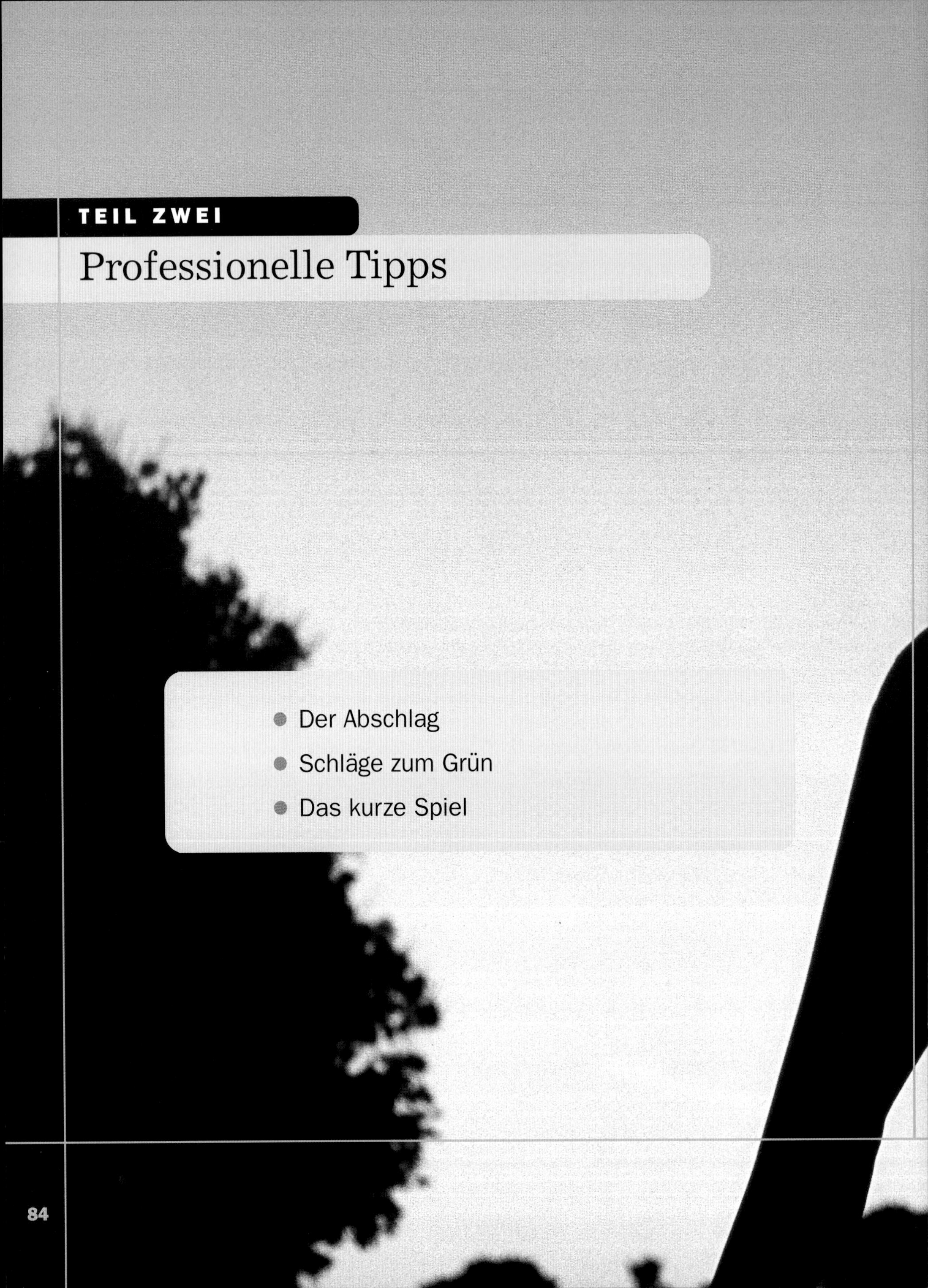

- Der Abschlag
- Schläge zum Grün
- Das kurze Spiel

KAPITEL FÜNF

Der Abschlag

Zu Anfang werfen wir einen kurzen Blick auf die besten Aufwärmübungen vor der Golfrunde. Dann konzentriert sich dieses Kapitel auf den Aspekt des Spiels, der alle Amateure und auch viele Profis zu faszinieren scheint: den Abschlag vom Tee.

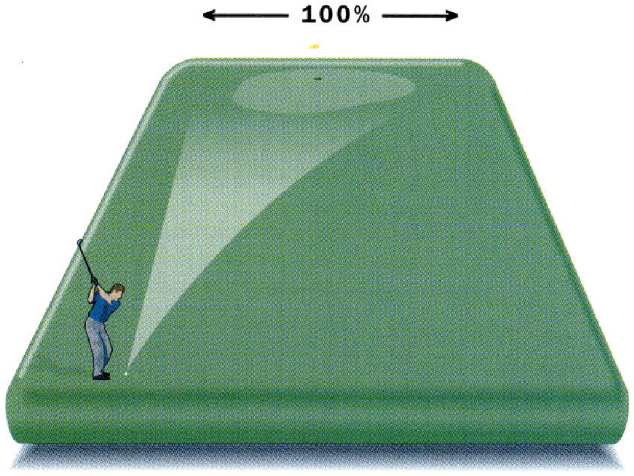

Die Menschen wurden schon immer von dem Gedanken an Kraft und Entfernung betört, es ist also keine Überraschung, dass dies auch beim Golf zutrifft. Ich wette, dass alle Golfer in Ihrem Bekanntenkreis nach der endgültigen Antwort zum Thema Länge, Genauigkeit und – ganz besonders – Konstanz beim Abschlag suchen.

Einige Leute glauben, dass die Antwort in einer neuen Ausrüstung liegt. Zugegeben, wir alle kennen die Versuchung des brandneuen, unglaublich teuren, supercoolen aerodynamischen Drivers. Natürlich kann eine neue Ausrüstung hilfreich sein, doch wenn Ihre Technik falsch ist, haben Sie einen Haufen Geld zum Fenster hinausgeworfen.

Das folgende Kapitel bietet viele professionelle Tipps, die Ihnen helfen werden, Ihre Technik zu verbessern. Auf diese Weise bleiben Ihnen auch unnötige Ausgaben für einen neuen Driver erspart.

Ich möchte meinen Kollegen für die Hilfe beim Zusammentragen der vielen Tipps in diesem Teil des Buches danken, insbesondere Danny French, David Mills, Mike Barton, Phil Lewin und Brad Hauer.

AUFWÄRMEN

Bevor Sie den ersten Ball schlagen, ist es ratsam, die Muskeln zu dehnen. Auf diese Weise reduzieren Sie die Verletzungsgefahr auf ein Minimum und vermeiden es, unnötige Schläge auf dem Übungsgelände und auf dem Platz zu machen. Folgende Übungen dehnen Ihre Muskeln und helfen Ihnen, vor dem Spiel Tempo und Rhythmus zu finden.

1

2

3

1 Stecken Sie einen Schläger hinter den Rücken und haken Sie die Ellbogen hinter den Schaft.

2 Machen Sie komplette Schwünge mit dem Körper. Achten Sie auf eine vollständige Schulterdrehung.

3 Bewegen Sie Füße und Beine wie beim Schlagen eines Balls.

TIPP

Bei vielen Profiturnieren ist mir immer wieder aufgefallen, wie gut sich die Spieler auf eine Runde vorbereiten, indem sie sich anständig aufwärmen. Sie beginnen mit Dehnübungen vor und nach dem Verlassen des Clubhauses auf dem Weg zum Court. Dann wärmen sie sich mindestens eine Stunde auf dem Übungsplatz auf und trainieren anschließend etwa 30 Minuten Putten und Chippen.

4

5

6

4 Nehmen Sie jetzt den Schläger in die Hände und senken Sie ihn hinter Ihrem Rücken bis auf Höhe der Lendenwirbel ab. Halten Sie die Hände so weit wie möglich auseinander und heben Sie den Schläger an, wobei die Arme ausgestreckt bleiben.

5 Machen Sie nun ein paar Schulterdrehungen. Sie werden die Dehnung des Oberkörpers spüren, insbesondere im oberen Rücken und in den Schultern.

6 Halten Sie die Füße zur Dehnung der Waden und Schenkel ruhig, aber übertreiben Sie es nicht und dehnen Sie die Muskeln nicht zu heftig.

DIE ERSTEN SCHWÜNGE

TIPP

Ich würde immer dazu raten, mit diesen Übungen zu beginnen. Sie helfen beim Aufwärmen und Dehnen der Golfmuskeln und sind außerdem ein Indiz dafür, wie man an diesem Tag den Ball schlägt und ob man bestimmte Faktoren berücksichtigen sollte. Dabei beziehe ich mich auf zwei Dinge. Einerseits kann es vorkommen, dass es aus irgendeinem Grund mit der Schlagqualität auf dem Übungsgelände hapert. Dann sollte die Strategie auf dem Platz nicht zu aggressiv sein. Wenn andererseits bei den Übungen ein bestimmter Flugtyp auftaucht, zum Beispiel ein hartnäckiger Draw oder Fade, der nicht sofort korrigiert werden kann, sollte dies während der Runde berücksichtigt werden. Nach der Runde kann der Spieler dann auf den Übungsplatz zurückkehren und sich dem Problem widmen, das auf diese Weise zumindest nicht sein Game ruiniert hat.

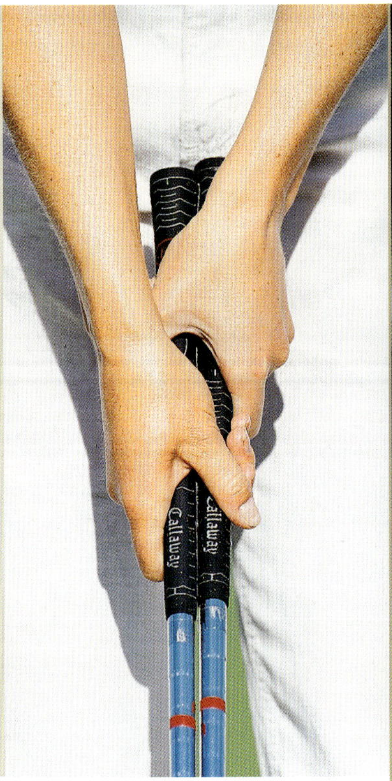

▶ Halten Sie zwei kurze Eisen mit einem zweihändigen Baseball-Griff. Dann beginnen Sie mit Dreiviertelschwüngen und steigern sich allmählich zu kompletten Schwüngen.

Zum Schluss machen Sie ein paar Übungsschwünge mit einem einzelnen Schläger und konzentrieren sich dabei auf Ihre Drehbewegung und Ihren Rhythmus.

Jetzt sind Sie bereit, ein paar Bälle zu schlagen. Wenn Sie nur 30 Minuten zum Aufwärmen zur Verfügung haben, schlage ich folgenden Ablauf vor:

Kurze Eisen	**5 Minuten**
Mittlere Eisen	**5 Minuten**
Lange Eisen & Hölzer	**5 Minuten**
Mittlere Eisen	**2–3 Minuten**
Kurze Eisen	**2–3 Minuten**
Putten	**10 Minuten**

Fangen Sie immer mit den kurzen Eisen an, d.h. dem Pitching-Wedge und dem 9er-Eisen. Diese Schläger helfen Ihnen, den Rhythmus zu finden, und ermutigen Sie, den Schwung relativ kurz zu halten. Schlagen Sie etwa 5 Minuten lang Bälle. Dann machen Sie weiter mit den mittleren Eisen – 5er, 6er und 7er. Suchen Sie sich irgendein Ziel aus und legen Sie zur Hilfe bei der Ausrichtung zwei Schläger auf den Boden.

Nach weiteren 5 Minuten nehmen Sie sich die langen Eisen vor, dann die 5er- und 3er-Hölzer und schließlich den Driver. Zur Abrundung dieser Sequenz gehen Sie wieder zu den mittleren und kurzen Eisen über, bis hin zu ein paar Pitch-Schlägen.

Die letzten 10 Minuten sollten Sie auf dem Putting Green verbringen.

Suchen Sie sich ein Loch mit relativ flachem Grün. Nehmen Sie drei Bälle und üben Sie Putts aus 75 cm, dann aus 1,50 m und schließlich aus 2 m und 2,50 m. Dies wird Ihnen das nötige Selbstvertrauen verschaffen. Anschließend probieren Sie ein paar Putts aus 2,50 m und aus 3 m mit etwas Break. Machen Sie mit Abwärts- und Aufwärtsputts weiter, gefolgt von ein paar langen Putts. Dadurch bekommen Sie ein Gefühl für das Spiel auf dem Grün. Zum Abschluss machen Sie einige gerade Schläge aus 1,50 m.

Und jetzt raus auf den Golfplatz!

ABSCHLAG VOM TEE

Viele Wochenendgolfer haben Schwierigkeiten, mit Hölzern zu spielen, weil sie den Fehler begehen, den Ball genauso wie bei Schlägen mit Eisen anzusprechen. Also befindet sich der Ball im Stand zu weit hinten und beim Ansprechen wird zu viel Gewicht auf den linken Fuß verlagert. Bei Schlägern mit langen Schäften führt diese Ansprechposition zu einem steilen Rückschwung, möglicherweise sogar zu einem Reverse Pivot. Das Ergebnis dieser schlechten Ansprechposition sind unregelmäßige Schläge mit den Hölzern. Erst schlagen sie den Ball in den Himmel, im nächsten Augenblick toppen sie ihn oder sie fabrizieren Hooks und Slices.

Versuchen Sie, sich einen flachen, fegenden Bewegungsablauf anzueignen, wenn Sie mit Hölzern spielen. Dazu sollten Sie einen etwas breiteren Stand einnehmen und den Ball gegenüber der linken Ferse platzieren. Zwei Drittel des Gewichts liegen beim Ansprechen auf dem rechten Fuß. Legen Sie den Ball so auf das Tee, dass sich die obere Hälfte über dem Schlägerkopf befindet. Dadurch schlagen Sie den Ball, wenn Sie auf dem Weg nach oben sind.

Wenn Sie dazu neigen, den Schlägerkopf zu Beginn des Schwungs wegzureißen, vermeiden Sie Bodenberührung des Schlägers beim Ansprechen. Lassen Sie ihn über dem Boden und hinter dem Ball in der Schwebe. So wird Ihr Takeaway viel fließender und flacher.

Wie oft haben Sie schon angespannt und nervös am ersten Tee gestanden und sich mehr Sorgen darüber gemacht, was andere Leute von Ihnen denken, als sich auf Ihr Spiel konzentriert?

Nervosität am ersten Tee befällt bis zu einem gewissen Grad alle Spieler. Sie ist ein gutes Zeichen – damit zeigen Sie, wie ernst Sie bei der Sache sind!

DEN SCHLAG VOM TEE GESTALTEN (SHAPING)

Wenn Ihr Tee-Schlag mit dem Driver eine bestimmte Flugbahn erzeugen soll, sollten Sie Sie die Höhe des Tees variieren. Liegt der Ball niedriger, wird Ihr Schwung etwas aufrechter verlaufen. Das fördert den Spin und der Ball wird einen Fade beschreiben (nach rechts fliegen). Bei höherem Tee wird der Schwung flacher. Das führt zu einem Draw Spin und der Ball wird von rechts nach links fliegen.

POSITIVE GRUNDEINSTELLUNG

Wenn Sie mit dem Driver am Tee stehen, ist eine positive Grundeinstellung entscheidend. Viele Golfer verfallen ins Grübeln, wenn sie zum Fairway schauen. Überall lauern die Gefahren. Wenn zum Beispiel ein Out-of-Bounds rechts vom Fairway liegt, heißt es sofort „Schlag den Ball bloß nicht nach rechts!" Negative Gedanken dieser Art führen zwangsläufig zur Verkrampfung. Der glatte rhythmische Schwung ist dahin und höchstwahrscheinlich wird Ihr Tee-Schlag nach einem Slice im Out-of-Bounds landen. Machen Sie sich positive Gedanken: Statt daran zu denken, was Sie nicht tun dürfen, suchen Sie sich lieber in Ruhe einen speziellen Zielpunkt im Bereich des Drivers. Dann machen Sie Ihren Schlag.

NERVOSITÄT AM ERSTEN TEE

Zur Überwindung der Nervosität und zur Verbesserung aller Tee-Schläge probieren Sie folgendes Rezept: Atmen Sie lang und tief durch und entspannen Sie den Körper. Angespannte Muskeln schaden nur dem Rhythmus. Vor dem Ansprechen sollten Sie sich hinter den Ball stellen und sich vorstellen, wie Sie diesen Schlag ausführen. Wenn Sie dann über dem Ball stehen, konzentrieren Sie sich darauf, wo der Ball landen soll, nicht wo er hinfliegen könnte. Zum Schluss denken Sie nur noch an das richtige Tempo, während Sie den Schläger schwingen. Häufig hilft die Vorstellung, dass ein 7er-Eisen geschwungen wird statt ein Driver.

DEN PROFIS ABGESCHAUT

Profis wie Nick Faldo ignorieren den Stress, von Tausenden von Fans beobachtet zu werden. Auf dem Tee zeigen sie totale Konzentration und Selbstbeherrschung.

WO WOLLEN SIE HIN?

Beim Schlag mit dem Driver sollten Sie sich immer auf jenen Punkt auf dem Fairway konzentrieren, wo der Ball landen soll. Das scheint selbstverständlich zu sein, doch zu wenige Golfer begreifen, dass der Tee-Schlag bei Par-4- oder Par-5-Löchern nicht in erster Linie auf Distanz gespielt wird, sondern im Hinblick auf eine brauchbare Position für den nächsten Schlag.

AUF DEM WEG NACH OBEN SCHLAGEN

Beim Schlag mit dem Driver sollten Sie grundsätzlich versuchen, einen flachen fegenden Schwung auszuführen, bei dem der Schlägerkopf den Ball trifft, nachdem er den tiefsten Punkt des Schwungs überschritten hat.

Häufig fordere ich Schüler auf, den Ball ohne Berührung des Tees abzuschlagen. Zur Unterstreichung bitte ich sie, sich den Ball auf einer umgedrehten Eistüte vorzustellen, die man nicht zerstören darf. Diese beiden Gedanken helfen auch Ihnen, einen sauberen Schlag auf dem Weg nach oben auszuführen.

DEN PROFIS ABGESCHAUT

Tony Jacklin stellte sich an der Stelle auf dem Fairway, wo sein Ball landen sollte, ein Grün vor. Dann nahm er dieses imaginäre Grün in Visier.

WICHTIG: DIE HÄNDE

Viele Golfer machen den Fehler, beim Ansprechen grundsätzlich die Hände vor dem Ball zu haben. Diese Philosophie mag bei den Eisen richtig sein, doch bei Hölzern trifft sie mit Sicherheit nicht zu.

Bei Schlägen mit den Eisen müssen Sie zuerst auf den Ball hinunter- und dann ein Divot schlagen. Bedingt wird dies durch einen langsameren, aufrechteren Schwung, der wiederum von der Länge des Schafts und der Position des Schlägerkopfes diktiert wird. Denn diese liegt im Stand im Vergleich zu Holzschlägen weiter hinten. Auf diese Weise scheinen sich natürlich beim Ansprechen die Hände vor dem Ball zu befinden. Doch wenn Sie beim Ansprechen eines Holzschlags die Hände vor dem Ball halten, dürfte lediglich ein hoher, schwacher Schlag nach rechts herauskommen.

Ein Holzschlag verlangt nach einem längeren und flacheren Schwung. Dies kann nur gelingen, wenn Sie den Ball im Stand weiter nach vorn schieben, so dass sich die Hände auf der Höhe des Schlägerkopfs befinden. Beim Driver sollten die Hände beim Ansprechen leicht hinter dem Ball sein. Dadurch erfolgt der Schlag auf dem Weg nach oben.

HÖHER IST WEITER

Wenn Sie ein Loch mit dem Wind spielen, ist es ratsam, vom Tee ein 3er-Holz statt des Drivers zu benutzen. Denn die Flugbahn beim 3er-Holz ist steiler und höher als beim Driver und normalerweise ist sie auch länger.

Beim Spiel mit dem Wind hat der Ball außerdem sehr wenig Backspin und rollt deshalb nach dem Auftreffen weit aus. Jedenfalls ist der Schlag mit dem 3er-Holz erheblich leichter als der Schlag mit dem Driver.

SEHEN SIE DEM BALL NACH

Viele Amateure erkennen nie ihr wahres Potenzial beim Abschlag, weil sie so fixiert darauf sind, den Kopf unten zu halten. Dadurch wird nicht nur die Bewegungsfreiheit der rechten Schulter und des Unterkörpers eingeschränkt, sondern es „erstarren“ gerade die Muskeln, die für einen kraftvollen Schlag durch den Ball gebraucht werden.

Ich erkläre meinen Schülern, dass sie sich am Ende des Schlages beim Durchschwung ein Drehen des Kopfes erlauben können – als ob sie versuchten, dem Ball beim Verlassen des Schlägerblatts und beim Abheben in die Luft zuzusehen. Aber denken Sie daran, den Kopf nicht anzuheben, sondern nur zu drehen!

TIPP

Häufig beobachte ich, wie Spieler einen Schläger unter das Kinn klemmen, um die Schulterausrichtung zu überprüfen. Das ist ein wenig umständlich, mir gefällt diese Variante besser: Legen Sie einen Schläger auf den Boden vor die Zehen und parallel zur Ziellinie. Dann nehmen Sie zwei Eisen und halten Sie sanft gegen die Schulterblätter, so dass sie locker herunterhängen. Nehmen Sie jetzt Ihren Stand ein. Schauen Sie an den Schäften hinunter. Prüfen Sie, ob sie gerade auf den Schläger am Boden zeigen. Dann ziehen Sie eine imaginäre Linie zwischen den unteren Enden der beiden Schäfte. Diese Linie sollte parallel zum Schläger auf dem Boden und zur Ziellinie verlaufen.

PLANUNG UND MANAGEMENT

Profis nutzen den Abschlag vom Tee zu ihrem Vorteil. Wenn sie einen Ball auf die linke Hälfte des Fairways schlagen wollen, legen sie ihn beim Aufteen automatisch auf die rechte Seite des Tees. Soll der Ball jedoch nach rechts fliegen, so wird auf der linken Seite aufgeteet. So wird das gesamte Fairway als Landebahn genutzt.

Spielen Sie mit dem Platz, nicht gegen ihn. Über 80% aller Golfer schneiden den Ball beim Gebrauch von Hölzern an, so dass der Ballflug von links nach rechts verläuft. Wenn Sie den Ball auf der rechten Seite des Tees aufteen und auf die linke Seite des Fairways zielen, stehen Ihnen 100% des Ziels zur Verfügung. Wenn Sie einen normalen Cut schlagen, landen Sie in der Mitte des Fairways. Schlagen Sie einen ausgeprägten Slice, liegen Sie im schlimmsten Fall immer noch auf der rechten Seite des Fairways. Sollten Sie den Ball gerade schlagen, fliegt er wahrscheinlich zur linken Seite des Fairways. Wenn Sie allerdings im Normalfall von rechts nach links schlagen, dann gilt für Sie natürlich die andere Seite des Tees.

LÄNGE FÜR SENIOREN

Senioren finden es besonders frustrierend, dass sie im Lauf der Jahre an Länge einbüßen, insbesondere beim Abschlag. Hier ein paar Ratschläge, wie Sie einen Teil der verlorenen Länge zurückgewinnen können.

Entscheidend sind tägliche Dehnübungen. Konzentrieren Sie sich besonders auf Übungen, die Ihre Schulterdrehung unterstützen. Damit verbessern Sie den Rückschwung und den Abschwung, der immer nur so gut wie sein Rückschwung ist.

Sprechen Sie den Ball auf dem Tee mit etwas engerem Stand und leicht gespreizten Füßen an. Der linke Arm sollte ein wenig angewinkelt sein. Heben Sie zudem beim Rückschwung die linke Ferse vom Boden. Auf diese Weise verlängern Sie Ihren Schwung.

Verwenden Sie den Hookgriff (beide Hände sind ein wenig weiter im Uhrzeigersinn gedreht) und richten Sie sich mit den Füßen und den Hüften leicht nach rechts von der Ziellinie aus. Dadurch wird ein Ballflug von rechts nach links (Draw) gefördert, bei dem der Ball nach der Landung weiter rollt.

Denken Sie auch daran, dass die maximale Beschleunigung des Schlägerkopfes kurz nach dem Treffen des Balls erfolgt. Nutzen Sie dies aus, indem Sie den Ball im Stand nach vorn platzieren, bis er sich gegenüber den linken Zehen befindet. Beim Aufteen soll der größte Teil des Balls oberhalb des Schlägerkopfes zu sehen sein (damit Sie den Ball auf dem Weg nach oben treffen). Konzentrieren Sie sich jetzt auf die Stelle, an der sich der Ball normalerweise befinden würde, vielleicht 5–7 cm vor der neuen Ballposition. Sehen Sie nicht auf den Ball selbst! Schauen Sie auf seine alte Position. Entspannen Sie sich und machen Sie Ihren normalen Schwung. Sie werden überrascht sein, wie viel weiter und gerader Sie abschlagen.

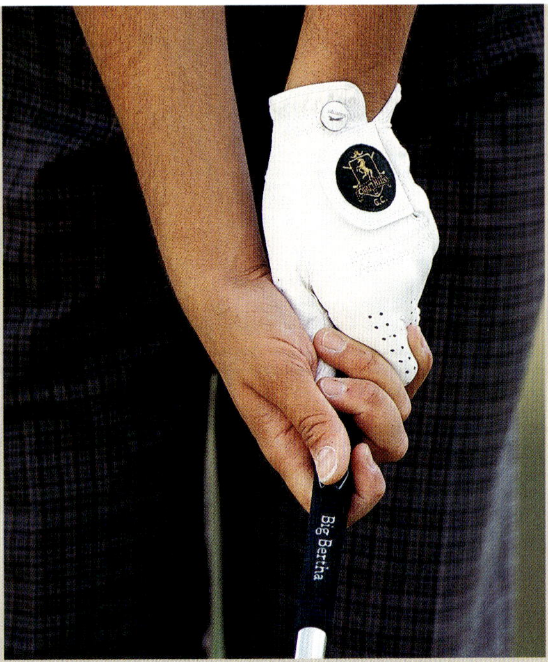

DEN PROFIS ABGESCHAUT

Der legendäre Ben Hogan nannte dies die halb sitzende Position. Sie half ihm dabei, auch im Alter lange Schläge auszuführen.

FAIRWAY-HÖLZER

VERBESSERN SIE IHREN SCHLAG

Der Einsatz von Fairway-Hölzern erfordert einen flachen, fegenden Bewegungsablauf. Wenn Sie Schwierigkeiten mit Ihren Fairway-Hölzern haben, probieren Sie einmal diese einfache Übung.

Trainieren Sie mit einem 3er-, 4er- oder 5er-Holz, Bälle einen Hang hinaufzuschlagen, wobei sich der Ball knapp oberhalb der Füße befindet. Dadurch werden Sie gezwungen, den Winkel der Schwungbahn zu reduzieren, und sie gewöhnen sich einen flachen, fegenden Angriffswinkel an.

IMMER LANGSAM!

Viele Golfer machen mit Hölzern und langen Eisen einen schnellen Rückschwung in der irrigen Annahme, dass die Geschwindigkeit den Ball weiter fliegen lässt. Wenn Sie einem guten Spieler beim Schlag mit einem Holz oder einem langen Eisen zusehen, werden Sie feststellen, dass beim Rückschwung keine übertriebene Eile geboten ist. Ein schneller Rückschwung zerstört Rhythmus und Gleichgewicht.

Hier zwei Ratschläge, wie Sie auch mit diesen langen Schlägern einen regelmäßig glatten Bewegungsablauf produzieren.

Denken Sie beim Ansprechen daran, dass Sie den Ball nicht im Rückschwung treffen – also gibt es keinen Grund zur Eile. Logisch, nicht wahr? Doch nach einer gewissen Zeit wird diese Gedankenstütze Ihre Eile reduzieren. Sie haben mehr Zeit zur Verfügung, um sich am äußersten Punkt des Rückschwungs in die richtige Position zu begeben.

Der nächste Ratschlag ergibt sich aus dem ersten Tipp und liefert ein praktisches Bild, um Ihnen beim immens wichtigen Rückschwung zu helfen.

Stellen Sie sich vor, Sie hielten Pfeil und Bogen in Händen. Machen Sie es wie der Bogenschütze: Ziehen Sie langsam und überlegt zurück – und dann LASSEN SIE LOS!

Der schwierige Teil steckt im Rückschwung. Wenn Sie die erste Hälfte des Schwungs langsam und glatt gemeistert haben, beginnen Sie den Abschwung im selben Tempo. Dann beschleunigen Sie stetig, jedoch ohne den Ehrgeiz zu haben, die Schale des Balls zu sprengen. Denken Sie daran: Mit dem richtigen Rhythmus gelingt Ihnen beim Golfen alles.

KAPITEL SECHS

Schläge zum Grün

Es gibt viele Golfer, die von ihren guten Abschlägen kaum profitieren, weil es Ihnen an Wissen und Erfahrung fehlt. Es ist gut und recht, wenn Sie Hunderte von Übungsbällen auf dem Übungsplatz und aus einer hübsch flachen Lage schlagen, doch was passiert, wenn Sie perfekt vom Tee abgeschlagen haben und dann feststellen, dass Sie beim nächsten Schlag den Ball einen Hang hinaufbefördern müssen? Oder wie gleichen Sie einen missratenen Schlag vom Tee aus, wenn der Ball im Rough oder auf der falschen Seite des Fairways gelandet ist?

Sollte ich Erinnerungen bei Ihnen wachgerufen haben, dann lesen Sie weiter. Lernen Sie, besser und konstanter zum Grün zu spielen. Tipps und Ratschläge meiner Profi-Kollegen werden Ihnen dabei helfen.

SCHLÄGE VOM FAIRWAY UND AUS DEM ROUGH

AUFWÄRTSLAGE

Wenn Sie am Hang stehen und aufwärts schlagen, müssen Sie daran denken, dass der Ball hoch und nach links fliegen wird. Nehmen Sie einen Schläger mit weniger Loft. Das Schlägerblatt zeigt nach rechts, da die Beinbewegung eingeschränkt ist, und die Hände werden überkompensieren, wenn das Blatt beim Auftreffen square gestellt wird. Je steiler der Hang, desto stärker wird die Bewegung der Beine behindert. Folglich fliegt der Ball noch stärker von rechts nach links.

1 Platzieren Sie den Ball im Stand ein wenig weiter nach vorn und halten Sie die Schulterachse parallel zum Hang.

2 Dadurch lastet mehr Gewicht auf dem unteren Bein. Zum Ausgleich sollten Sie sich bemühen, das Körpergewicht beim Abschwung nach vorn zu verlagern. Richten Sie den Körper so aus, dass er ebenfalls nach rechts vom Ziel zeigt, doch square zum Schlägerblatt.

3 Konzentrieren Sie sich schließlich auf einen besonders rhythmischen Schwung, denn es passiert leicht, dass dieser Schlag zu hart gespielt wird.

Die folgenden vier Tipps gelten hauptsächlich für Schläge mit dem Eisen, doch wenn die Lage des Balls nicht zu extrem ist, kann auch ein Fairway-Holz eingesetzt werden.

ABWÄRTSLAGE

Die Abwärtslage wird genau „umgekehrt" wie eine Aufwärtslage gespielt. Der Abhang neutralisiert den Loft des Schlägers. Der Ball wird tiefer getroffen. Da der Rückschwung ziemlich aufrecht verläuft, fliegt der Ball wahrscheinlich von links nach rechts. Das sollten Sie beim Ansprechen berücksichtigen.

1 Das Schlägerblatt wird nach links ausgerichtet, um einen Cut Spin zu ermöglichen, und im Stand wird der Ball weiter nach hinten platziert, um trotz des steileren Rückschwungs einen guten Treffpunkt zu garantieren.

2 Wie bei der Aufwärtslage sollte sich auch jetzt die Schulterachse parallel zum Hang befinden, während das Gewicht wiederum stärker auf dem unteren Bein lastet.

3 Beim Auftreffen sollten Sie versuchen, „am Ball zu bleiben" und dem Schläger erlauben, den Ball den Hang hinunter zu „verfolgen".

BALL OBERHALB DER FÜSSE

Wenn sich der Ball beim Ansprechen oberhalb der Füße befindet, wird die Schwungbahn flacher und einen Ballflug von rechts nach links (Hook Spin) fördern.

Natürlich müssen das Schlägerblatt und die Körperachsen nach rechts vom Ziel ausgerichtet werden, um den Hook Spin auszugleichen. Die Hände greifen den Schaft weiter unten und der Ball liegt auf Höhe der Standmitte. Verlagern Sie das Körpergewicht in Richtung der Zehen, um die Tendenz auszugleichen, beim Schwung vom Ball weg nach hinten zu kippen.

BALL UNTERHALB DER FÜSSE

Liegt der Ball unterhalb der Füße, besteht die Neigung, den Ball von links nach rechts zu schlagen (Cut Spin), weil Sie zwangsläufig einen sehr aufrechten Schwung ausführen. Wiederum müssen Schlägerblatt und Körperachsen den Ausgleich schaffen und nach links vom Ziel ausgerichtet werden. Scheinbar stehen Sie näher am Ball als sonst, doch in Wirklichkeit sind Sie weiter entfernt. Greifen Sie deshalb den Schläger so hoch wie möglich, um Ihren Schwung zu vergrößern. Beugen Sie die Knie mehr als sonst. Verlegen Sie das Gewicht auf die Fersen, denn es besteht die Gefahr, während des Abschwungs nach vorn zu kippen. Versuchen Sie, beim Schwung die Knie genauso angewinkelt zu halten wie beim Ansprechen, denn Sie neigen dazu, beim Rückschwung Höhe zu verlieren – „setzen“ Sie sich nicht noch weiter hin. Wie immer sollten Sie auf den richtigen Rhythmus achten.

GEGEN DEN WIND SPIELEN (PUNCH-SCHLAG)

Viele Golfer haben große Mühe, gegen den Wind zu schlagen. Ein Lieblingsspruch von Tom Watson lautet: „Swing with ease, into the breeze." Doch gelingt dies natürlich nur mit der richtigen Technik.

Für das Spiel gegen den Wind müssen Sie den Punch-Schlag trainieren. Der Name (Punch bedeutet Faustschlag) ermutigt viele Leute dazu, den Ball zu hart zu schlagen und ihn mit zu viel Backspin zu versehen. Dadurch fliegt er noch höher als sonst. Mir gefällt der Begriff „Knock-Down-Shot" (niedergeschlagener Ball) besser, da er die Funktion dieses Schlags genauer definiert.

Häufig wird der Ball im Stand zu weit hinten platziert, fast gegenüber dem rechten Fuß! Dadurch wird der Spieler nur ermutigt, den Schläger stärker anzuheben, und der Schlag wird entweder erstickt oder nach rechts blockiert.

1 Der Ball sollte knapp hinter (oder rechts von) der Standmitte liegen. Setzen Sie maximal ein 4er- oder 5er-Eisen ein. Denken Sie daran, dass Sie bereits durch das Platzieren des Balls den Loft reduziert haben.

Greifen Sie etwas kräftiger zu. So bekommen Sie mehr Power und können den Schwung verkürzen. Etwa zwei Drittel des Körpergewichts liegen beim Ansprechen auf der linken Seite – und bleiben auch über die gesamte Dauer des Schlags dort.

2 Machen Sie einen bequemen Dreiviertelrückschwung.

3 Konzentrieren Sie sich auf einen kompakten Dreivierteldurchschwung.

Ich ermutige meine Schüler dazu, die Hände bei diesem Schwung „weich" zu halten, um so die Neigung zu übertrieben harten Schlägen zu reduzieren.

DEN BALL GESTALTEN (SHAPING)

Bei einer Golfrunde ergeben sich Situationen, in denen Sie den Ballflug gestalten müssen – d.h. einen Fade (bei dem der Ball leicht von links nach rechts fliegt) oder einen Draw (Ball fliegt von rechts nach links) erzeugen. Bisweilen werden Sie sogar absichtlich einen Hook oder Slice schlagen müssen.

DER DRAW

Beim Draw fliegt der Ball, wenn er sich dem höchsten Punkt der Flugbahn nähert, von rechts nach links. Für einen Draw richten Sie Ihre Ziellinie und die parallelen Körperachsen (Schultern, Hüften, Füße) so aus, dass sie nach rechts vom Ziel zeigen (wo der Ball starten soll). Dann drehen Sie den Schaft im Griff, so dass die Schlagfläche auf das Ziel zeigt (wo der Ball landen soll). Konzentrieren Sie sich auf ein imaginäres Ziel auf einer Linie mit dem Punkt, wo der Ball starten soll, sonst kann es leicht geschehen, dass Sie einen Pull Hook produzieren. Ein leichterer Griff hilft Ihnen beim Release des Schlägerkopfes beim Auftreffen.

Wenn Sie einen großen Hook schlagen müssen, sprechen Sie den Ball wie beim Draw an. Gebrauchen Sie jedoch einen stärkeren Griff, wobei beide Hände ein wenig weiter im Uhrzeigersinn um den Schaft bewegt werden. Denken Sie auch daran, einen Schläger mit mehr Loft einzusetzen, da der Ball flacher fliegt und bei der Landung weiter ausrollt.

DER FADE

Beim Fade fliegt der Ball von links nach rechts, wenn er den höchsten Punkt der Flugbahn erreicht.

Im Vergleich zum Draw gelten für den Fade die entgegengesetzten Regeln. Das Schlägerblatt zeigt immer noch dorthin, wo der Ball landen soll, doch die Ziellinie und die parallelen Körperachsen (Schultern, Hüften, Füße) zeigen auf ein imaginäres Ziel links von dem Punkt, wo der Ball landen soll.

Halten Sie beim Fade die Hände beim Ansprechen etwas höher und greifen Sie den Schläger etwas fester, insbesondere mit den letzten drei Fingern der linken Hand. Dadurch verhindern Sie, dass Sie das Schlägerblatt beim Auftreffen schließen und damit den Ball gerade nach links schlagen.

Wenn Sie einen Slice spielen müssen, benutzen Sie einen schwächeren Griff und platzieren Sie die Hände weiter oben am Schaft. Denken Sie auch daran, einen Schläger mit weniger Loft einzusetzen, da der Ball höher fliegt und nicht so weit rollt wie beim Draw.

AUS DEM ROUGH SPIELEN

Beim Schlagen aus einer guten Lage im Rough sind viele Golfer überrascht, wie der Ball reagiert. Manchmal fliegt er flach und weit, manchmal hoch und kurz. Der Grund für diese Unregelmäßigkeit ist der Graswuchs. Wenn sich das Gras Richtung Ziel neigt (siehe oben links), bekommen Sie einen „Flyer“, der auf einer flachen Flugbahn aus dem Rough kommt, mit sehr wenig Backspin landet und deshalb weiter rollt als normalerweise. Zum Ausgleich können Sie einen Schläger mit mehr Loft einsetzen und den Ball so schlagen, dass er vor dem Ziel landet.

Wenn das Gras in Gegenrichtung wächst (siehe oben rechts), fliegt der Ball eine wesentlich kürzere Distanz als sonst, weil sich das Gras in der Nähe des Balls meistens um den Schlägerkopf wickelt und ihn auf diese Weise abbremst.

Außerdem kann sich das Gras mit dem Hosel verhaken, was wiederum zum Schließen des Schlägerblatts führt. Das Ergebnis ist ein erstickter Schlag, der nach links fliegt. Deshalb sollten Sie einen Schläger mit mehr Loft einsetzen und den Schaft etwas fester greifen, um das Schließen des Schlägerblatts zu verhindern. Bei dieser Art von Lie im tiefen Rough ist es besser, realistisch zu sein und den Ball auf Sicherheit zu spielen: zur Seite auf den Teil des Fairways, der am nächsten liegt. Vielleicht verschenken Sie damit einen Schlag – doch Sie riskieren wesentlich mehr, wenn Sie zu übermütig sind.

AUF NUMMER SICHER GEHEN

Viele Golfer sind übertrieben ehrgeizig. Gehen Sie lieber auf Nummer sicher. Ein aggressives Spiel können Sie sich nur dann leisten, wenn der Ball im Semi-Rough aufsitzt. Anderenfalls müssen Sie den Ball „herausspielen". Entscheiden Sie sich in diesem Fall, von wo Sie den nächsten Schlag am liebsten ausführen möchten und welchen Schläger Sie brauchen, um den Ball dorthin zu befördern.

Im tiefen Rough kann es passieren, dass sich beim Auftreffen Gras zwischen Ball und Schlägerblatt verfängt. Ein weiteres Problem ist das Gras um den Ball herum. Beim Schlag kann sich langes Gras um Schaft und Schlagfläche legen. Nach dem Auftreffen kann noch mehr Gras den Schlag abbremsen und ihn regelrecht ersticken.

Nehmen Sie einen eher offenen Stand ein und öffnen Sie das Schlägerblatt. Platzieren Sie den Ball etwas weiter nach vorn als sonst und lassen Sie den Schläger in der Schwebe, statt ihn auf den Boden zu setzen. Greifen Sie den Schaft etwas fester und machen Sie einen energischen Schlag mit ausreichendem Durchschwung.

Wenn der Ball sehr schlecht im langen Rough liegt, spielen Sie einfach zur Seite hinaus. Platzieren Sie den Ball weiter hinten im Stand und öffnen Sie die Schlagfläche. Spielen Sie wie bei einem im Bunker eingegrabenen Ball, mit sehr steilem aufrechten Rück- und kurzem Durchschwung.

RICHTIGE GEWICHTSVERTEILUNG

Wenige Golfer sind sich bewusst, wie wichtig die Gewichtsverteilung beim Ansprechen eigentlich ist. Dabei definiert sie entscheidend, wie steil der Schwung und wie in der Folge die Flugbahn aussehen wird. Bei Fairway-Hölzern und langen Eisen sollten zwei Drittel Ihres Gewichts auf der rechten Seite lagern. Dadurch unterstützen Sie einen flachen, weiten Rückschwung und eine Fegebewegung durch den Ball. Bei mittleren Eisen ist das Gewicht gleichmäßig verteilt, während bei kurzen Eisen etwa zwei Drittel des Gewichts auf der linken Seite lagern, um einen Schlag von oben nach unten zu unterstützen.

Rechts: *Tom Watson ist für sein Geschick berühmt, den Ball aus dem Rough zu schlagen.*

AUS EINEM ALTEN DIVOT SCHLAGEN

Ansprechen

Finish

Eine besonders frustrierende Erfahrung auf dem Golfplatz besteht darin, nach einem perfekten Drive den Ball in einem alten Divot vorzufinden. Mit der richtigen Technik kann der Schaden jedoch begrenzt werden.

Die Absicht ist hierbei, nach unten und durch das Divot hindurchzuschlagen. Dazu muss der Golfer ein paar Veränderungen seines konventionellen Stands vornehmen. Zur Förderung der Abwärtsbewegung beim Abschwung muss der Ball weiter hinten im Stand platziert und das Körpergewicht auf die linke Seite verlagert werden.

Greifen Sie den Schaft etwas tiefer, damit Ihnen ein Dreiviertelschwung aus dem Handgelenk gelingt. Benutzen Sie einen Schläger mit etwas mehr Loft, da die Ballposition den Loft des Schlägerblatts reduziert.

Machen Sie einen kontrollierten Schwung und versuchen Sie zu fühlen, dass Sie beim Auftreffen nach unten schlagen.

FAIRWAYBUNKER-SCHLÄGE

Zweifellos ist der Bunkerschlag auf dem Fairway der schwierigste Schlag überhaupt. Er ist schon ziemlich schwierig für Profis – für Wochenendgolfer kann er zum Alptraum werden. Nach den folgenden Übungen werden Sie aber bald eine deutliche Verbesserung Ihrer Schläge konstatieren.

Wählen Sie einen Schläger, der den Ball sicher über den Bunkerrand befördert. Dann sprechen Sie den Ball so an, dass er im Stand weiter hinten liegt als normalerweise. Sie erreichen dadurch, dass Sie zuerst den Ball und dann den Sand treffen. Graben Sie sich mit den Füßen ein wenig in den Sand. Dadurch bekommt der Schwung eine sichere Grundlage und die Beine werden während des Schwungs „ruhig gestellt". Greifen Sie 5–7 cm tiefer, um den Schwung abzukürzen und eine ruhigere Drehung durch den Ball zu gewährleisten.

Vermeiden Sie, das Kinn auf die Brust zu legen. Ich bitte meine Schüler, sich vorzustellen, sie ständen auf dünnem Eis. Das hilft ihnen, einen ruhigen und gleichmäßigen Schwung zu machen, was zu einem sauberen Schlag führt.

ANDERE FAIRWAY-PROBLEME

WARUM HERUM, WENN ES AUCH DARÜBER GEHT?

Wie oft haben Sie schon vor einem Baum oder einem ähnlichen Hindernis gestanden und es nicht geschafft, den Ball hinüber zu befördern? Wahrscheinlich schon einige Male. Viele Golfer glauben an die Lösung, einen Schläger mit viel Loft zu nehmen und den Ball hart zu prügeln. Bei neun von zehn Versuchen scheitert dieser Ansatz. Mit korrekter Technik dagegen können Sie bei neun von zehn Versuchen Erfolg haben.

Zunächst platzieren Sie den Ball im Stand weiter nach vorn und verlagern beim Ansprechen zwei Drittel des Gewichts auf die rechte Seite. Dadurch befinden sich die Hände über dem Ball statt vor ihm, was dem Schläger etwas mehr Loft gibt.

Das Schlägerblatt ist auf das Ziel ausgerichtet, doch Füße, Hüften und Schultern zeigen leicht nach links vom Ziel. Auf diese Weise wird der Ball mit Cut Spin versehen und fliegt höher. Machen Sie einen normalen Schwung und konzentrieren Sie sich darauf, beim Auftreffen „hinter dem Ball zu bleiben“ und mit einem hohen Finish abzuschließen.

FLYER

Aus dem Mund von Reportern im Fernsehen haben Sie sicherlich schon den Ausdruck „Flyer“ gehört, wenn ein Ball viel weiter fliegt als vom Spieler ursprünglich beabsichtigt. Flyer kommen häufig vor, wenn aus einer luftigen Lage im Rough gespielt wird, insbesondere bei nassem Wetter. Ursache hierfür ist Gras oder Wasser, das sich beim Auftreffen zwischen der Rückseite des Balls und dem Schlägerblatt befindet. Das Ergebnis ist ein flacher Ball mit wenig oder gar keinem Backspin, so dass er beim Landen weiter als sonst rollt. Mit spezifischen Anpassungen können Sie diesen Umständen Rechnung tragen: Nehmen Sie entweder einen Schläger mit mehr Loft oder versuchen Sie, einen Fade zu schlagen, der etwas mehr Backspin entwickelt.

SICHER IST SICHER

Wenn Sie einen langen Annäherungsschlag zum Grün spielen, widmen Sie einen Augenblick dem Gedanken, welche Seite besser wäre, wenn Sie das Grün verfehlen sollten. Lächerlich? Vielleicht, doch nur wenige Amateure achten ernsthaft darauf, wo es im Umkreis des Grüns Schwierigkeiten gibt. Befinden sich Bunker und Hindernisse vor dem Grün, so wählen Sie den Schläger mindestens eine Nummer größer. Liegen die Schwierigkeiten jenseits des Grüns, nehmen Sie eine Nummer kleiner. Die meisten Golfer denken bei der Auswahl des Schlägers nur an ihren besten, nicht an ihren durchschnittlichen Schlag.

DER BALL SITZT AUF

Oft haben Golfer Schwierigkeiten, wenn der Ball im Rough „aufsitzt". Viele versuchen, einen normalen Schlag auszuführen. In der Regel wird der Ball dann mit der oberen Hälfte des Schlägerkopfes getroffen, springt einfach hoch in die Luft und fliegt nicht weit genug.

„Pflücken" Sie den Ball von der Oberfläche im Rough, indem Sie weiter unten am Schaft zugreifen und den Schlägerkopf knapp über dem Gras in der Schwebe halten. Machen Sie jetzt den Schwung und stellen Sie sich dabei vor, der Ball liege auf einem Tee. Das hält Sie davon ab, zu tief zu schlagen und den Ball hochspringen zu lassen.

HÖHERE UND TIEFERE ZIELE

Denken Sie immer daran, dass der Ball beim Spiel auf ein höher gelegenes Grün kaum Backspin hat und leicht weiterrollt. Andererseits landet er weich, wenn Sie in ein tiefer gelegenes Grün spielen.

KAPITEL SIEBEN

Das kurze Spiel

Wie bereits an anderer Stelle versprochen, finden Sie im folgenden Kapitel viele nützliche Tipps für Ihr kurzes Spiel.

Das kurze Spiel oder die Scoring Zone, wie es von einigen Profis genannt wird, macht oft den Unterschied zwischen einem schlechten und einem guten Golfer aus. Es nützt nichts, meilenweit vom Tee abzuschlagen und schnurgerade zweite und dritte Schläge zum Grün folgen zu lassen, wenn Sie am Ende den Ball nicht ins Loch bekommen.

Einige der besten Golfspieler der Welt können manchmal – um es professionell auszudrücken – sehr unberechenbar sein, doch sie sorgen mit ihrem hervorragenden kurzen Spiel für überreichlichen Ausgleich. Zu den besten Beispielen gehören Seve Ballesteros, Ben Crenshaw, José Maria Olazabal und sogar der legendäre Tom Watson in seiner besten Zeit.

Wie heißt es so schön: „You drive for show, and putt for dough."

CHIPPEN

Viele Spieler mit Schwierigkeiten beim Chippen treffen den Boden vor dem Ball, was entweder einen fetten oder einen dünnen Schlag zur Folge hat.

Die folgende Übung ist ideal, um sich einen sicheren Schlag auf die Rückseite des Balls anzueignen. Legen Sie eine kleine Münze vor den Ball und verlagern Sie das Gewicht mehr auf die linke Seite, wobei sich der Ball auf gleicher Höhe wie die rechte Ferse befindet. Schlagen Sie jetzt ein paar Bälle und versuchen Sie, sowohl den Ball als auch die Münze zu treffen.

Sie werden feststellen, dass Sie jetzt beim Chippen einen leicht von oben nach unten verlaufenden Schlag einsetzen und dass sich die Hände im Treffmoment automatisch vor dem Ball befinden.

TIPP

Der Putt ist einem Chip immer vorzuziehen. Chippen oder pitchen Sie den Ball nur, wenn Sie wirklich keinen Putter einsetzen können.

DER „PUTT CHIP"

Wenn sich der Ball in der Nähe des Grüns befindet, ist die einfachste und sicherste Chipmethode der „Putt Chip". Dahinter steckt die Idee, den Ball fast so wie bei einem Putt zu schlagen. Folglich wird der Schlag gänzlich ohne Bewegung der Handgelenke ausgeführt, was mehr Genauigkeit erzeugt.

1 Nehmen Sie mit einem 8er- oder 9er-Eisen den normalen Putting-Stand ein. Greifen Sie wie beim Putt, aber platzieren Sie den Ball weiter hinten im Stand als sonst. Vergewissern Sie sich, dass sich die Hände beim Ansprechen ein wenig vor dem Ball befinden und dass Ihr Gewicht auf der linken Seite lagert.

2 und 3 Sie werden feststellen, dass aufgrund der größeren Nähe zum Ball die Hacke des Schlägers leicht vom Boden abgehoben ist. Das ist in Ordnung, denn Sie sollen den Ball mit dem „toten" Teil des Schlägers, d.h. mit der Spitze treffen. Mit gespreizten Ellbogen spielen Sie jetzt einen normalen, gleichmäßig beschleunigenden Putt. Wenn der Ball weiter geschlagen werden soll, machen Sie einfach einen längeren Schwung.

TIPP

Chippen Sie zur Übung mit verschiedenen Schlägern, aber versuchen Sie, dass der Ball immer an derselben Stelle auf dem Grün landet. Damit wird sich nicht nur Ihr Gefühl für den Schlag verbessern, sondern auch Ihre Einschätzung, wie weit der Ball bei Schlägern mit unterschiedlichem Loft rollt.

CHIPPEN VON HARTEM BODEN

Wenn Sie einen Chip von hartem, nacktem Boden („Hardpan") spielen müssen, ist es wichtig, die Änderungen, die beim Ansprechen für einen normalen Chip gelten, noch zu intensivieren. Der Ball sollte im Stand noch weiter zurückgelegt und auf die linke Seite sollte noch mehr Gewicht verlagert werden. Damit stellen Sie sicher, dass Sie zuerst den Ball und dann den Boden treffen. Sonst wird der Schläger springen, was zu einem verdünnten, flachen „Running Shot" führt.

Nehmen Sie vor allem niemals ein Sand-Eisen für diesen Schlag, denn seine große gerundete Sohle ist vom Design her dafür gedacht, den Schlägerkopf vom Boden abspringen zu lassen. Wählen Sie ein Pitching-Wedge oder ein 9er-Eisen und achten Sie darauf, dass sich die Hände während des Auftreffens vor dem Schlägerkopf befinden.

TIPP

Beim Chippen mit Seitenwind müssen Sie berücksichtigen, dass der Ball bei der Landung nicht gerade abspringt. Starker Wind drückt den Ball in der Luft leicht zur Seite. Dadurch erhält er Sidespin bei der Landung. Wenn Sie dies nicht berücksichtigen, landen Sie möglicherweise 1 oder 2 m im Lee vom Loch statt direkt am Flaggenstock.

Bauchschlag

Holzschlag

CHIPPEN GEGEN DIE KANTE

Es führt immer zu großer Frustration, wenn Sie einen scheinbar guten Annäherungsschlag zum Flaggenstock schlagen, der Ball aber weiterrollt und dicht an der Kante zum tieferen Gras, das auf allen Seiten das Grün umgibt, zur Ruhe kommt. Der Ball ist schwierig zu chippen, an Putten ist gar nicht zu denken – was kann man tun?

Es gibt zwei Möglichkeiten: entweder einen „Bauchschlag" mit dem Sand-Wedge (Bellied Wedge Shot) oder einen Putt mit einem Holz. Beim Bauchschlag besteht die Absicht darin, den Loft des Schlägers nicht einzusetzen. Sprechen Sie den Ball wie beim Putten an. Greifen Sie fester zu und lassen Sie den Schlägerkopf über dem Gras in der Schwebe, auf derselben Höhe wie der Bauch des Balls. Jetzt putten Sie den Ball, wobei Sie versuchen, ihn mit der Führungskante des Schlägerblatts auf dem Bauch (auf der Mitte) oder knapp darüber zu erwischen. Für den Bauchschlag mit dem Sand-Wedge benötigen Sie reichlich Ubung, doch bei den Profis ist er sehr verbreitet. Ist das Gras zu hoch für ein Sand-Wedge, spielen Sie den Ball mit einem 4er- oder 5er-Holz.

Tiger Woods ist ein Meister dieses Schlags; er spielt ihn mit einem 3er-Holz.

PITCHEN

DER „PITCH AND RUN"

Um den „Pitch and Run" zu spielen, müssen Sie square zur Ziellinie stehen und den Ball weiter hinten platzieren als sonst. Das Körpergewicht lagert auf der linken Seite, der Griff ist leicht und locker, der Schwung gleichmäßig. Beschleunigen Sie stetig durch den Ball, da jeder Versuch, den Ball zu „treffen", einen Backspin ergibt. Konzentrieren Sie sich darauf, dass Sie wie beim normalen Schwung den Unterarmen die Drehung beim Durchschwung ermöglichen. Versuchen Sie nicht, das Schlägerblatt beim Auftreffen offen zu halten – dadurch erzeugen Sie einen unerwünschten Backspin. Im Finish sollte die Spitze des Schlägers zum Himmel zeigen.

Viele machen fälschlicherweise die ganze Arbeit mit Händen und Armen. Denken Sie immer daran, dass der Pitch eine Art kleinere Version des vollen Schwungs ist. Und dabei wird der gesamte Körper eingesetzt. Beim Pitchen müssen Sie unbedingt die größeren Muskeln benutzen, um die Distanz zu erreichen, über die Sie den Ball schlagen wollen.

Eine gute Übung, den Einsatz dieser größeren Muskeln zu fördern, ist der berühmte „Handtuch-Drill" von Nick Faldo und David Leadbetter.

1 Legen Sie sich ein Handtuch über die Brust und stecken es unter die Arme. Greifen Sie etwas fester zu und nehmen Sie Ihren normalen Stand zum Pitchen ein.

2 und 3 Spielen Sie jetzt ein paar kurze Pitch-Schläge. Versuchen Sie dabei, das Handtuch an Ort und Stelle zu halten. Wenn Sie den Ball etwas weiter schlagen möchten, drehen Sie einfach den Brustkorb etwas schneller.

Wenn ich pitchen unterrichte, tauchen die Probleme stets in weniger als 20 m Entfernung vom Grün auf. In diesem Bereich gibt es bei Golfern mit mittlerem und hohem Handicap zwei typische Fehler.

Der erste Fehler ist das Abbremsen des Schlägerkopfes beim Abschwung. Viele Golfer werden beim Pitchen übermäßig „schüchtern", je näher sie sich am Grün befinden. Fast scheint es, dass der Golfball selbst eine Barriere bildet und dass der Spieler Hemmungen hat, den Schlägerkopf nach dem Auftreffen weiterzuschlagen. Dieser negative Schwunggedanke verleitet Hände und Arme dazu, den Abschwung abzubremsen, so dass der Ball kaum die halbe Strecke zum Ziel schafft. Sie müssen unbedingt den Schlägerkopf während des Schlages beschleunigen. Seien Sie energisch und aggressiv.

Der zweite Fehler besteht darin, dass viele nicht verstehen, was sie mit einem Pitch-Schlag erreichen wollen. Vermutlich glauben sie, dass ein Blick auf den Flaggenstock Garantie dafür ist, dass der Ball in der Nähe liegen bleibt oder gar ins Loch geht, obwohl dies äußerst selten geschieht.

Ein guter Pitcher konzentriert sich nicht auf den Flaggenstock, sondern auf den Punkt, wo der Ball landen soll. Dann überlegt er, wie der Ball von dort rollen wird, fast wie bei der Vorbereitung für einen Putt. Nachdem er entsprechende Korrekturen vorgenommen hat, vergisst er die Flagge und das Loch und konzentriert sich einzig und allein auf die Landezone des Balls.

VOM ROUGH ZUM GRÜN

Wenn sich Ihr Ball im tiefen Rough befindet, brauchen Sie ein paar Korrekturen beim Ansprechen und beim Schwung selbst.

Der Stand muss im Verhältnis zur Ziellinie leicht geöffnet (nach links ausgerichtet) sein, das Schlägerblatt ist leicht geschlossen (knapp nach rechts ausgerichtet).

Außerordentlich wichtig ist es, nicht allzu viel Gras zwischen Schlägerkopf und Ball kommen zu lassen. Deshalb müssen Sie den Schläger auf einer viel steileren Ebene als sonst zurückschwingen. Folglich sollten Sie den Ball im Stand weiter hinten platzieren und ein wenig mehr Gewicht auf die linke Seite verlagern. Berühren Sie mit dem Schlägerkopf nicht den Boden, sondern lassen Sie ihn über dem Gras in der Schwebe, um einen möglichst sauberen Schlag zu erzeugen. Greifen Sie etwas tiefer am Schaft und etwas fester als üblich.

Machen Sie jetzt einen Dreiviertelrückschwung und schlagen Sie nach unten auf die Rückseite des Balls. Es wird wenig oder gar keinen Backspin geben. Also wird der Ball reichlich ausrollen, wenn er auf dem Grün auftrifft.

BUNKERSPIEL

LANGE BUNKERSCHLÄGE

Einer der unangenehmsten Bunkerschläge ist der Schlag über 40–70 m. Es ist dies ein schwieriger Schlag für den ausgebufften Profi, ganz zu schweigen für einen Wochenendgolfer.

Sprechen Sie den Ball mit dem Schlägerblatt square zum Ziel an. Dabei ist der Ball in Standmitte platziert. Die Körperachse (Schulter, Hüfte, Füße) sollte leicht links (oder offen) vom Ziel verlaufen, da dies einen Dreiviertelschwung fördert. Greifen Sie den Schaft etwas tiefer und versuchen Sie, während des gesamten Bewegungsablaufs das Körpergewicht auf der linken Seite zu halten. Bei diesem Schlag sollte kein Sand-Wedge eingesetzt werden und Sie sollten auf den Release der Hände beim Auftreffen achten. Denken Sie auch daran, dass der Ball auf dem Grün ausrollen wird.

NASSER SAND

Häufig versuchen Golfer einen normalen „Explosionsschlag", wenn der Ball im nassen Sand liegt. Der Schlägerkopf springt zu früh auf dem kompakten, nassen Sand, was zu einem dünnen Schlag direkt gegen die Bunkerwand führt.

In dieser Situation brauchen Sie einen viel steileren Schwung, damit sich der Schlägerkopf eingräbt, bevor er herausspringt. Platzieren Sie den Ball im Stand etwas weiter hinten und halten Sie das Schlägerblatt square. Beim normalen Bunkerschlag würden Sie 5–7 cm hinter den Ball zielen, jetzt begnügen Sie sich jedoch mit höchstens 2 cm. Machen Sie nun einen ziemlich aufrechten Schwung und schlagen Sie nach unten und durch. Ist der Sand relativ eben und der Bunkerrand niedrig, sollte es Ihnen gelingen, den Ball mit dem Pitching-Wedge oder dem 9er-Eisen herauszuchippen. In extremen Fällen können Sie den Ball sogar herausputten.

Testen Sie immer die Qualität und Tiefe des Sands mit den Füßen. Nasser oder grober Sand ist eine feste Grundlage, die den Bounce des Schlägers erhöht. Deshalb muss das Schlägerblatt beim Ansprechen square sein. Ist der Sand dagegen luftig, fein und trocken, wird sich der Schläger tiefer eingraben. Daher müssen Sie das Schlägerblatt ein wenig öffnen, um den Bounce zu erhöhen.

Einer meiner Lieblingstipps zum Explosionsschlag zielt darauf ab, Sie vom Schließen des Schlägerblatts beim Auftreffen abzuhalten. Stellen Sie sich einfach vor, beim Auftreffen stände ein Glas Wasser auf dem Schlägerblatt, das Sie beim Durchschwung nicht verschütten dürfen.

DEN BALL AUFTEEN

Damit Sie sich daran gewöhnen, den Schlägerkopf durch den Sand zu ziehen und den Ball auf einem Sandbett herauszuheben, probieren Sie beim nächsten Training einmal folgende Übung:

Setzen Sie den Ball im Bunker auf ein Tee und drücken Sie nach unten, bis das Tee nicht mehr zu sehen ist. Spielen Sie jetzt einen konventionellen Explosionsschlag, doch konzentrieren Sie sich darauf, das Tee zusammen mit einem langen Divot aus dem Sand zu graben. Wichtig ist hierbei auch ein langes hohes Finish mit Händen und Armen.

SAND MITNEHMEN

Amateure finden es oft problematisch, bei Bunkerschlägen die richtige Menge Sand mitzunehmen. Wenn Sie sich angesprochen fühlen, probieren Sie einmal diese einfache Übung aus.

1 Zeichnen Sie im Übungsbunker etwa 5–6 cm hinter dem Ball einen Strich in den Sand.

2 Versuchen Sie jetzt, diesen Strich mit der Führungskante des Sand-Wedge beim Abschwung zu treffen.

3 Nach dem Schlag prüfen Sie, wie nah Sie an den Strich herangekommen sind.

Wiederholen Sie diese Übung mehrmals. Denken Sie immer daran, den Sand aus dem Bunker „explodieren“ oder „spritzen“ zu lassen und den Schlägerkopf zu einem hohen Finish zu beschleunigen.

Wenn Sie dann tatsächlich im Bunker auf dem Course einen „Explosionsschlag“ spielen müssen, konzentrieren Sie sich auf ein Sandkorn 5–6 cm hinter dem Ball. Dann lassen Sie den Sand auf dem Weg zum hohen Finish spritzen. Sie werden sehen, so klappt es immer.

PUTTEN

IMMER GERADE!

Viele Golfer haben damit zu kämpfen, den Putterkopf ausreichend lange auf der Ziellinie zu halten. Entsprechend schwer fällt das Einlochen. Eine einfache Übung kann Ihnen hier helfen. Stellen Sie auf einer ebenen Stelle des Grüns und parallel zur Ziellinie jeweils fünf Tees auf beiden Seiten Ihres Putterkopfes auf. Der Abstand zwischen den beiden Reihen muss gerade groß genug sein, dass der Putter hindurchpasst.

Putten Sie jetzt mit gleichmäßigen Schwüngen. Vermeiden Sie es, die Tees zu berühren. Das Lernziel hierbei ist ein konstanter, gerader Putt, bei dem der Putterkopf so lange wie möglich zum Loch ausgerichtet bleibt.

TIPP

Bevor Sie auf den Golfplatz gehen und eine Runde spielen, sollten Sie grundsätzlich 10–15 Minuten auf dem Putting Green üben. Trainieren Sie kurze, mittlere und lange Putts. Ich schlage mit Vorliebe am Schluss zehn oder mehr Putts auf ein Ziel, das kleiner ist als ein Golfloch.

Wenn Sie auf 3 m Entfernung ein Tee im Grün treffen, wirkt sich das positiv auf Ihr Tempo aus. Außerdem gehen Sie anschließend mit viel Selbstvertrauen auf den Platz. Wenn Sie sogar ein Tee treffen können – wie groß werden Ihnen dann erst die Löcher vorkommen!

GEFÜHLSTRAINING

Probieren Sie es beim nächsten Spiel mal mit diesem Trick.

Führen Sie die normale Routine vor dem Schlag aus und sprechen Sie den Ball an. Bevor Sie den Ball schlagen, verfolgen Sie mit den Augen die Ziellinie, bis zum Loch. Jetzt machen Sie den Schlag, ohne wieder auf den Ball zurückzublicken. Es wird ein wenig dauern, bis Sie sich an diese Technik gewöhnt haben. Doch bald werden Sie feststellen, dass sich Ihr Feeling verbessert. Aber Vorsicht: Achten Sie darauf, dass sich die Augen beim Blick zum Loch parallel zur Ziellinie befinden. Anders ausgedrückt: Sie sollen den Kopf *drehen*, aber nicht anheben.

Falsches Ansprechen

Richtiges Ansprechen

TRAINIEREN SIE DEN ERNSTFALL

Sehr viele Spieler nehmen ihre Übungsputts nicht ernst genug. Wie oft hat man schon erlebt, wie jemand zwei oder drei schnelle Übungsschläge macht, dann den Ball anspricht und den Putt völlig versaut. Der Übungsputt sollte grundsätzlich als Generalprobe für den Ernstfall angesehen werden. Nachdem Sie alle Informationen für den bevorstehenden Putt gesammelt und verarbeitet haben – Hanglage, Breaks, Geschwindigkeit des Grüns –, sollten Sie den Schlag trainieren, mit dem Sie den Ball ins Loch befördern. Führen Sie den Putt erst aus, wenn Sie davon überzeugt sind, dass Sie die nötige Geschwindigkeit und Linie in Ihren Übungsschwung „hineinprogrammiert" haben. Erst dann sollten Sie den Ball ansprechen.

PUTTEN MIT DEM SAND-WEDGE

Eine nützliche Übung zum Erlernen des richtigen Putts ist das Putten mit dem Sand-Wedge. Greifen Sie den Schläger weiter unten und gebrauchen Sie ihn wie einen Putter.

1 Schlagen Sie den Ball mit gleichmäßigem Tempo. Versuchen Sie, den Bauch des Balls oder einen Punkt knapp darüber zu treffen.

2 und 3 Dadurch werden Sie darin bestärkt, den Putter tief am Boden zurückzuführen. Sie werden lernen, den Ball auf dem Weg nach oben zu schlagen. So werden Ihre Putts besser rollen.

TIPP

Wenn Sie einen mittleren oder langen Putt vorbereiten, denken Sie an die folgende Statistik: Der Break beim Putt findet zu 60 % in weniger als 1 m Abstand vom Loch statt. Nur unter ganz ungewöhnlichen Umständen haben Unebenheiten zu Beginn des Putts irgendeinen Einfluss auf das Endresultat.

REGISTER